Helmut-Whitey Kritzinger

Numerologie und Partnerschaft

Was Zahlen über den Lebensweg,
Partnerschaften und Beziehungen
sagen können

WINDPFERD
Verlagsgesellschaft mbH.

1. Auflage 1993
2. Auflage 1995
© by Windpferd Verlagsgesellschaft mbH, Aitrang
Alle Rechte vorbehalten
Umschlaggestaltung: Wolfgang Jünemann, unter
Verwendung einer Illustration von Berthold Rodd
Gesamtherstellung: Schneelöwe, 87648 Aitrang
ISBN 3-389385-109-7

Printed in Germany

Inhaltsverzeichnis

Danksagung

Mein besonderer Dank gilt
Frater M.D.
für seinen nach allen Seiten
wirkenden Einfluß.

Einführung

Was kann uns die hermetische Numerologie geben?

Die Numerologie kann hauptsächlich zwei Dinge: erstens Selbsterkenntnis fördern und uns zweitens in die Rhythmen unserer persönlichen Zeitzyklen "einklinken", so daß wir in Übereinstimmung mit ihnen handeln können, anstatt "gegen die Zeit" zu arbeiten.

In ihrer ersten Funktion bestätigt die hermetische Numerologie uns, was wir schon wissen, vielleicht aber auch nur ahnen - und manchmal doch nicht wahrhaben wollen. Sie fokussiert unsere Aufmerksamkeit und schärft unser Bewußtsein, so daß wir uns selbst und unser Leben besser durchschauen können. Sie hilft uns, zum Wesentlichen zu kommen - und wer anders könnte das sein, wenn nicht wir selbst: das Selbst.

Der Ausgangspunkt für ihre Betrachtung ist das Anlage-Numeroskop. Aus seinem Spiegel können wir aus den Zahlen und Zahlenkombinationen unseren Grund- und Persönlichkeitstypus feststellen. Sie zeigen uns neue Seiten von uns. Was bewegt und prägt uns? In welchen Lebensbereichen können wir unser Glück machen? Welcher Partner paßt zu uns? Was können wir besonders gut - und was weniger gut? Wo sollen wir unsere Freunde suchen? Auf welcher Ebene der Wirklichkeit müssen wir unsere inneren und äußeren Konflikte austragen? Wo liegt unser Schatten? Wie können wir ihn transparent machen und damit erlösen? Die Zahlen deuten es an. Die Deutungstexte liefern die Erklärungen. Sie machen die alte hermetische Wissenschaft in heutiger Alltagssprache verständlich. Die Botschaft kann im Herzen mitschwingen.

Auf den Punkt gebracht: hermetische Numerologie präzisiert für uns das Thema unseres Lebens - und welche Ziele wir verfolgen sollten. Ihre Zahlen sind wie eine große Uhr, die uns zeigen, welcher kosmischen Entwicklungsstufe wir uns nähern.

Das Anlage-Numeroskop veranschaulicht aber nur die energetischen Grundschwingungen. Diese werden sich dann über die Rhythmen und Zyklen unseres Daseins entfalten. Sie werden ein Netz von Strukturen auswerfen. Anhand der Zahlenwerte dieser Strukturen werden wir unsere individuellen Lebensrhythmen besser erkennen. Über ihre Progressionen, Rhythmus-Zahlen, Kompensations- und Verstärkungspunkte liefert sie uns Orientierungshilfen für die Lebensplanung. Wir können durch sie also ein Stück in die Zukunft schauen. Nicht weil wir plötzlich Hellseher geworden wären, sondern weil alle Rhythmen ganz bestimmten Gesetzmäßigkeiten folgen, einige davon sich sogar in unserem Leben mehrfach wiederholen. Unser "Schicksal" wird plötzlich transparent, wir *verstehen* - und je besser wir die kosmischen Hintergründe verstehen, desto bewußter und schöner können wir unser Leben gestalten.

Die hermetische Numerologie ist schließlich das weltweit erste System, das über die Geburtsdaten zu einem detaillierten Partnerschafts-Numeroskop führt. Damit gewährt sie Einblick in Schicksal und Chance unserer Begegnungen mit anderen Menschen. Übrigens ist das Partnerschafts-Numeroskop nicht etwa bloß für die Erhellung von "Beziehungs-Kisten" geeignet, es gibt auch über andere Arten der Partnerschaft Auskunft.

Das Buch ist aus langjährigen Erfahrungen mit individueller Lebensberatung und numerologischer Gruppenarbeit gewachsen. Es soll so viele praktische Ratschläge wie möglich geben können. Selbstverständlich steht der Autor und Begründer des Systems für Rückfragen zur Verfügung. Näheres dazu findest du am Ende des Textes.

Und nun viel Spaß mit den Zahlen. Vertraue ihrer Botschaft - am besten mit einer gewissen Leichtigkeit.

Die theoretischen Grundlagen der hermetischen Numerologie

Die vom Geburtsdatum ausgehende hermetische Numerologie beruht auf der Kabbala, dem mystischen Lebensbaum und dessen 10 Grundzahlen (Sephiroth = Zahlensphären) sowie dem Dezimalsystem des **Pythagoras.** Ihr Begründer ist Hermes Trismegistos, den die alten Ägypter zum Gott erhoben und später als Thoth verehrten.

Helmut-Whitey Kritzinger leitete daraus eine neue Form der Numerologie ab. Er faßte die grundlegenden Prinzipien von Astrologie und Tarot, die ja beide aus dem für alle seriösen esoterischen Wahrsagesysteme prägenden kabbalistischen Lebensbaum gewachsen sind, zur hermetischen **Geburtsdaten-Numerologie** zusammen.

Im Unterschied zur herkömmlichen Numerologie arbeitet man hier ausschließlich mit dem Geburtsdatum und dem Karmapunkt (Mondknoten). Auf eine Kombination von Namen und Datum wird verzichtet, weil diese durch die Vermengung von quantitativen und qualitativen Zahlenbedeutungen nur das Geburtsbild verzerrt. Beim später gezeichneten Numeroskop werden nur die Zahlen des Geburtsdatums und der Geburtszeit erfaßt.

Mit Hilfe der hermetischen Geburtsdaten-Numerologie kann jeder seine Lebensaufgabe erfassen, und zwar viel schneller als über astrologische Berechnungen, die ja wesentlich komplizierter sind, von der Schwierigkeit ihrer Deutung ganz zu schweigen.

Die Numerologie ist eine der ältesten Wissenschaften überhaupt. Erst durch Sie konnte die Lehre der Astrologie, der Mathematik und der Physik entstehen.

Viele alte Schrifttafeln und Schriftstücke der Babylonier, der Japaner oder Chinesen beweisen, daß die Numerologie schon etwa 4000 Jahre vor der Zeitenwende angewandt wurde, damals jedoch nur von Priestern und Eingeweihten.

Pythagoras gründete 570 v. Chr. in Kroton in Unteritalien die erste Mysterienschule Europas und brachte sein Wissen dem Abendland mit der Absicht näher, die Zahlen und ihre Zuordnungen nicht nur zu gewöhnlichen Berechnungen auf der materiellen Ebene zu verwenden, sondern sie darüber hinaus auf geistige Prozesse und menschliche Schicksale zu beziehen. Pythagoras war überzeugt, daß die "Zahl die Ordnung zeigt, die das Chaos ablöst".

Die hermetische Numerologie geht davon aus, daß alle Dinge im Universum nach einem einheitlichen Plan miteinander verbunden sind. Nach ihrer Ansicht repräsentieren die Zahlen die verschiedenen Archetypen, in denen die Grundeigenschaften der Natur quasi in Urform Gestalt annehmen.

Zahlen stellen Eigenschaften der Lebensenergie dar. Sie können uns Zugang zum Verständnis der ihnen zugeordneten Bewußtseinsqualitäten verschaffen, die sich sowohl in den großen Archetypen als auch in den Charaktereigenschaften des Menschen manifestieren, denn im Großen wie im Kleinen, im Makro- wie im Mikrokosmos herrschen ja die gleichen Ordnungsprinzipien.

Zahlen beinhalten Qualitäten und Zeiten. Die Zahlen 0 - 9 gelten in diesem System als Grundzahlen und sind Korrespondenten der göttlichen Wirkungskette, denn die Zahl "trägt den Sinn des jeweiligen Schöpfungsprinzips und bezeichnet das ihr zugehörige Prinzip". Zahlen sind somit Bewußtseinsqualitäten, Anlagen und Potentiale des Menschen.

Wir können demnach sagen: das Numeroskop (der Zahlenkreis) erfaßt die wesenhafte Struktur eines Menschen in ihrer ganzen Tiefe. Seine Zahlen sind jedoch keine statisch-unwandelbaren Größen. Vielmehr können sie in der aktiven und bewußten Auseinandersetzung ihrerseits zur Ursache werden, so daß der

Mensch sein Leben in neue Bahnen lenken kann, sobald er nur die Zahlen versteht, die sein Leben prägen. Es gibt kein Schicksal im Sinne einer absolut im voraus festgelegten Bestimmung.

Die Geschichte der Numerologie

"Zahl ist Wort, aber nicht Rede. Sie ist Welle und Licht, aber niemand kann sie sehen. Sie ist Rhythmus und Musik, aber niemand kann sie hören. Sie hat unendliche Variationen und doch ist sie unveränderlich. Jede Form des Lebens ist eine besondere Art des Widerhalls der Zahl."

Wie die Astrologie ist auch die Numerologie eine uralte Wissenschaft. Beide Systeme beruhen auf Zahlen und auf der Erkenntnis, daß die äußeren Erscheinungen sich in ganz bestimmten Rhythmen wiederholen. Denken wir nur einmal an die Vierer-Periode der Mondphasen, die Abfolge der Jahreszeiten usw. Schon immer haben Menschen versucht, Strukturen und Systeme zu finden, um ihre alltäglichen Erfahrungen zu beschreiben und einzuordnen und auch um zu ergründen, nach welchen Gesetzen ihre geheimnisvollen inneren Welten funktionieren. Die Beobachtung kosmischer Abläufe lieferte einerseits die Grundlage für astrologische Deutungen. Aber auch Zahlen und Rhythmen haben schon seit Alters her Einblick in die kosmischen Gesetze gewährt. Sie sind ein wirkungsvoller Zugang. Der Kundige kann mit ihrer Hilfe die esoterischen Einsichten früherer Generation und Kulturen nachvollziehen und weitervermiteln.

Bereits vor etwa 15.000 Jahren beobachteten die Mayas Gestirns- und Planetenzyklen. Ihre astronomischen Berechnungen weichen erst einige Stellen hinter dem Komma von den computergenauen Ergebnissen heutiger Astronomen ab. Unseres Wissens haben sich alle früheren Hochkulturen mit Zahlenkunde und

-deutung beschäftigt: Chaldäer, Ägypter, Perser und Inder, um nur einige zu nennen, benutzten die Numerologie, um durch ein spezifisches System der Quersummenbildung von Geburtsdaten ein individuelles Schicksal vorherzubestimmen und zu deuten. Ausnahmslos sagen die alten Weisheitssysteme, daß Mikrokosmos gleich Makrokosmos ist, und die moderne Physik bestätigt dies noch. Demnach gleicht das Universum einem unvorstellbar riesigen menschlichen Organismus. Umgekehrt ist der Mensch ein exaktes Abbild in Materie getauchter kosmischer Energien.

Der so berühmte wie mysteriöse Ausspruch: "Wie oben, so unten" besagt also, daß Dinge, die hier auf unserem Planeten und in unserem Leben geschehen, auf einer anderen Ebene bestimmten kosmischen Gesetzmäßigkeiten oder dem *göttlichen Willen* entsprechen. Die Beschaffenheit und Klangfarbe kosmischer Schwingungen finden im menschlichen Leben den erstrebten Ausdruck. Das ist nur möglich, weil Mensch und Kosmos Parallel-Phänomene sind. Das bedeutet aber auch, daß alles, was im Leben sichtbar wird, schon vorher existiert hat und zwar als Schwingung, im Geist, als Idee - oder wie immer man es bezeichnen will. Deshalb wäre es nicht falsch, den Menschen als Resonanzboden kosmischer Schwingungen zu bezeichnen. Unter Resonanz aber versteht die Physik das *Mittönen eines anderen Körpers oder schwingungsfähigen Systems.*

Die mathematischen Grundlagen

Das numerologische System beruht auf dem Dezimalsystem, das gleichzeitig die Grundlage für die meisten Längen-, Flächen-, Raum- und Gewichtsmaße und ihre Berechnung ist. Es ist das von Pythagoras (geb. 570 v. Chr.) entwickelte dekadische System mit der Grundzahl 10. Pythagoras war jedoch nicht nur Mathematiker, er war auch Philosoph, Astronom und Astrologe. Er hatte die Zahlenmagie in Ägypten studiert. Seine größte Leistung bestand darin, Zahlen und deren Zuordnungen nicht nur auf rein weltlich-materieller Ebene zu verwenden, sondern sie mit übergeordneten, geistigen und kosmischen Zusammenhängen zu verbinden. Aus unserer Schulzeit erinnern wir uns vielleicht noch an seinen berühmten Lehrsatz: $A^2+B^2=C^2$. Den erläuterte er selbst einmal mit den Worten: "Das Ergebnis aller guten Taten eines Menschen im Quadrat, addiert zum Ergebnis aller ungesetzlichen Taten dieses Menschen im Quadrat, ergibt das karmische Quadrat von Ursache und Wirkung." Ein wunderbar anschauliches Beispiel für seine Auffassung, daß "die Zahl die Ordnung zeigt, die das Chaos ablöst."

Die dekadische Zahlenlehre fußt in der Auffassung, daß alles im Universum, wie im hermetischen Gesetz der Schwingung formuliert, nach einem einheitlichen Plan miteinander verbunden ist - und daß die Zahlen verschiedene Eigenschaften repräsentieren. Die Pythagoräer maßen den Grundzahlen 1 - 4 eine besondere Bedeutung bei der Erschaffung des Kosmos bei, denn sie symbolisieren die materielle Schöpfung: 1 = Wille; 2 = Gedanke und Vorstellung; 3 = Handlungsimpuls und Durchsetzung; und 4 = Verwirklichung in sinnlich erfahrbarer Gestalt. Die 1 steht für den Punkt, die 2 für die Linie, die 3 für das Dreieck und die 4 für das Viereck oder die Pyramide (ausgehend von der Vierteilung des

Quadrates in 4 Dreiecke). Generell werden gerade und ungerade Zahlen unterschieden.

Ungerade Zahlen gelten als die beherrschenden Zahlen im System, weil wir beim Addieren von geraden und ungeraden Zahlen wiederum eine ungerade Zahl als Ergebnis erhalten. Ein kurzer Blick auf das Geburtsdatum zeigt schon, wie sich die grundsätzliche Seelenenergie im äußeren Erscheinungsbild ausdrückt: Mehr ungerade als gerade Zahlen deuten auf eine extravertierte, maskuline Ausstrahlungsenergie; überwiegen hingegen die geraden Zahlen, so dürfen wir auf einen introvertierten Typus schließen.

Ungerade Zahlen (1, 3, 5, 7 und 9) symbolisieren männliche, gerade Zahlen (2, 4, 6 und 8) weibliche Energie. Die ersten vier sind Ursprung und Grundlage aller übrigen Zahlen, weil 1+2+3+4 die Grundzahl 10 ergeben.

Diese Zahlenbasis gilt dem Numerologen als Quelle der ewigen Natur. Alle sichtbaren Erscheinungen lassen sich auf vier geometrische Grundformen zurückführen, denen die Zahlen Eins bis Vier entsprechen. Es sind: (1) der Punkt, der gleichzeitig für das Zentrum eines Objektes und den Kreis des Ursprungs steht; (2) die Linie, die zwei Punkten verbindet und infolgedessen die Grundlage für Breite und Fläche abgibt; (3) das Dreieck, das die Breite mit der Höhe zur Fläche erweitert. Schließlich ergänzt (4) ein weiterer Punkt das Dreieck zum Viereck; aus diesem ergibt sich der Tetraeder, die Pyramide mit Breite, Länge und Höhe.

Aus der Erkenntnis, daß die Harmonie des Universums durch zwei entgegengesetzte Kräfte im Gleichgewicht gehalten wird, daß alles Sein auf Gegensatzpaaren beruht, entstanden die ursprünglichen geraden und ungeraden Zahlen mit ihren Zuordnungen.

Die Schüler von Pythagoras verstanden die *Tetraktys* (die heiligen Zahlen Eins bis Vier) als Spiegel der Urformen des Lebens.

Immer halten zwei entgegengesetzte Kräfte (wie *Yin* und *Yang*) die Harmonie im Universum aufrecht und sorgen gerade durch ihre Spannung für Gleichgewicht. Gegensätze ziehen sich bis zu einem gewissen Punkt an, bis sie sich an ihrer Peripherie scheinbar trennen. Polarität ist das Gesetz des Lebens scheinbarer, aber *wesensgleicher* Gegensätze. These und Antithese, im Grunde sind sie ein und dasselbe. Bis der Mensch in einem dritten Punkt (einer neuen Dimension) zu einer Synthese fähig ist, bedingen sie sich jedoch gegenseitig in ihrer Grundvibration. Wenn wir dieses zweite hermetische Gesetz unter dem Blickwinkel der pythagoräischen Geometrie betrachten, erkennen wir im Punkt die Einheit des Seins; er ist der ruhende Pol oder Kern des Geschehens. Da er keine Ausdehnung besitzt, kann er sich nicht materialisieren und infolgedessen nur verstanden werden, wenn er sich in seine Pole aufspaltet, also eine Linie aus zwei Punkten bildet. Polarität heißt, einen Standpunkt oder ein Geschehen, in seine beiden Gegenteile aufzuspalten, um aus dieser Polarität über die einen dritten, die beiden Gegensätze aufhebenden Punkt zu neuer Einheit zu finden. Erkenntnis setzt demnach die Drei voraus. Erst die Drei erlöst durch Erkenntnis und Erfahrung aus der Polarität, denn sie ermöglicht die Synthese auf der nächsthöheren Ebene.

Nur ein noch unvollkommenes Bewußtsein kann das Sein über die schier unendliche Vielfalt der Gegensatzpaare erfahren. Die Erklärung der 10 Grundzahlen hilft uns verstehen, warum.

Der Hauptlehrsatz des Pythagoras besteht darin, die Gegensätzlichkeit, die Dualität der Dinge als wirkendes Weltprinzip anzunehmen.

Die 1, die sogenannte *Monas*, gilt als Symbol für das hermaphroditisch Göttliche (vollkommenes Anima-Animus Seelen-Prinzip als Basis für die Form aller Dinge).

Die 2, die sogenannte *Dyas*, steht für die ägyptische Göttin Isis, die Urmutter, die schöpferische Materie, das erzeugende Prinzip.

Die 3, die sogenannte *Trias*, ist die Vereinigung von *Monas* (1) und *Dyas* (2), des unendlichen göttlichen Prinzips mit der Materie.

Alles Verkörperte hat im Sichtbaren drei Aspekte. Was in Raum und Zeit auch erscheint, es erstreckt sich über Vergangenheit, Gegenwart und Zukunft. Alles Wirkliche hat Anfang, Mitte und Ende.

Die 4, die sogenannte *Tetras*, stand bei den Pythagoräern hoch im Ansehen, denn sie repräsentiert die vier Elemente. Darüber hinaus bezeichnet man sie als *magische Vier*, die gewissermaßen den Gegenpol zur Polarität aller Erscheinungen darstellt und in sich einen qualitativ neuen Raum zu ihrer Auflösung eben dieser Polarität trägt.

Diese vier Grundzahlen ergeben die sogenannte *Tetraktys* die Symmetrie des Lebens und Universums.

Die Qualität der Zeit

Zahlen repräsentieren Qualitäten und Zeiten. Die Zahlen 0 bis 9 gelten als Grundzahlen. Zahlen entsprechen der göttlichen Wirkungskette, denn jede Zahl trägt den Sinn ihres Wirkungsprinzips in sich und sagt uns, welcher Archetypus in ihr zum Ausdruck kommt. Ohne Zahlen gäbe es keine Berechnungen von Raum und Zeit. Zahlen geben Form, legen Dauer fest.

Jede historische Epoche hat ihren Zeitgeist, ihre prägenden Eigenschaften, die ihr gewissermaßen den Stempel aufdrücken. Das Wassermann-Zeitalter zum Beispiel begann 1962 und zeichnet sich durch geistige Offenheit und universales Verbrüderungsstreben aus. Es möchte alle Menschen zu ihrer individuellen und ganz persönlichen Religion führen und ermöglicht geistiges Wachstum ohne kirchliche Dogmen. Jetzt ist Eigenverantwortung gefragt. Eine ganz andere Prägung zeichnet die Zeit der ersten industriellen Revolution aus, die sich etwa 1860 voll auszuwirken begann, die Materie verherrlichte und zu einer schweren Schädigung von Mutter Erde führte. Der Zeitgeist durchwirkt jeweils größere Zeiträume und ermöglicht der Menschheit, sich kollektiv auf höhere Intelligenzen einzustimmen und diese in konkreter Gestalt zu verwirklichen.

Wir können es auch so verstehen, daß kosmische Programme dem Menschen in verschiedenen Epochen verschiedene Formen der geistigen Evolution ermöglichen. In den philosophisch-esoterischen Systemen des Abendlandes kennt man dieses Prinzip der sich im Materiellen verwirklichenden geistigen Form unter dem Begriff der *Entelechie*. Eine individuelle Seelenenergie entwickelt sich ähnlich einem Embryo biologisch und geistig in einen vorgegebenen Rahmen hinein. Sein morphisches Feld enthält alles Notwendige, um den einzelnen Menschen und die gesamte Entwicklung ohne Einschränkung des freien Willens global zu fördern.

So können wir anhand der Numerologie nicht nur unsere persönliche karmische Bestimmung entschlüsseln, sondern darüber hinaus erkennen, in welchem größeren Energiefeld sich die Seele inkarniert hat, und welcher Erfahrungsbereich (Familie, Herkunft, Ausbildungsweg, Beziehungen usw.) der Anpassung bedarf, wenn wir unsere karmische Bestimmung erfüllen und glücklich werden wollen. Im jetzigen Geschehen ist die Vergangenheit enthalten, wenn auch in symbolischer Form. Die Erfahrungen einzelner Menschen prägen unter bestimmten Umständen eine ganze Nation und somit eine ganze Epoche!

Frühere Generationen haben die Ursachen und Voraussetzungen für unsere heutige Gesellschaft geschaffen. Welche Aufgaben wir auf der Grundlage dieser Vergangenheit ererbt haben, darüber gibt nach dem Zahlengesetz der Mondknoten Aufschluß.

Der kosmische *Logos* (Gesamtheit aller Zahlenprinzipien) wirkt in jeder Epoche nach seinen eigenen Gesetzen. Er ist die Gegenkraft, die mit ihren Herausfoderungen jeder Generation neue Lernaufgaben und jedem einzelnen die Möglichkeit zu geistigem Wachstum gibt. Auch hier gilt das Resonanzgesetz; es besagt: Menschheit und Individuum werden nur mit Herausforderungen geprüft, die sie auf Grund ihrer geistig-seelischen Möglichkeiten tatsächlich bewältigen können, wenn auch unter Schwierigkeiten und unter Aufbietung aller Kräfte.

Mit seiner geistigen Evolution bewegt der Mensch sich als Lichtwesen immer weiter in Richtung Ganzheit und schafft in sich vollkommenere morphogenetische Felder. Da man nach jeder Einsicht oder Selbsterkenntnis zu neuer geistiger Synthese gelangt, zieht man aus der erreichten Schwingung wieder neue Schwingungsfelder und damit Erfahrungen zur weiteren Verarbeitung und Integrierung an. Diese lassen sich durch Zahlen ausdrükken, die Bewußtseinsqualitäten, Anlagen, Eigenarten des Individuums repräsentieren. In der Physik deuten Zahlen auf die Eigenarten der Stoffe und Elemente hin, sie veranschaulichen Dauer und Ausdauer, Bewegung, Rhythmus und Wandlungen der Atome, Elektronen, Protonen und Moleküle. Der menschliche Körper ist ihren Gesetzen unterworfen. Geist- und Mentalkörper wiederum folgen im Kleinen den gleichen Gesetzmäßigkeiten, die im Großen die kosmischen Zyklen steuern.

Zahlen bedeuten Zeit, denn sie äußern sich in rhythmischen Schwingungen oder Vibrationen und bilden zeitliche Perioden. Unser Zahlenkalender drückt also nicht nur äußere Zeitbestimmung aus, sondern darüber hinaus vor allem gleichartige kosmische Grundgedanken der Schöpfung.

Das Zehnergesetz der Zahlen ist der perfekte Ausdruck für das Gleichgewicht zwischen Sichtbarem und Unsichtbarem. Alle Zahlen stammen aus dem geistigen *Archaum*, das aus dem Chaos die Struktur der Zahl 0 hervorbringt - wie der Mutterschoß den menschlichen Körper.

Numerologische Praxis

Grundlagen
- und Schnellkursus -

Einleitung

Das Geburtsdatum des Menschen läßt uns erkennen, welche karmischen Voraussetzungen wir für diese Inkarnation mitgebracht haben. Es zeigt unsere Anlagen, die Dynamik, mit der wir sie umsetzen, und die Aufgaben, die wir zu lösen haben, die Potentiale, die in uns stecken. Darüber hinaus zeigt es auch Harmonisierungsmöglichkeiten von widerstreitenden Energien. Der Schlüssel zu all dem sind die grundlegenden numerologischen Berechnungen.

Wir ermitteln zuerst den Grundtypus, den Persönlichkeitstypus und den Karmapunkt. Sie sind das Fundament für jede numerologische Praxis und geben uns bereits sehr viele wichtige und grundlegende Informationen. Dann folgt die etwas komplexere Erstellung des Numeroskops, der visuellen Darstellung sämtlicher energetischen Verhältnisse und Wechselwirkungen in ihrer Anlage und Umsetzung.

Um erste Informationen über uns oder unseren Partner zu erhalten, ermitteln wir unseren:

- **Grundtypus** und erhalten die Zahl unserer Grundschwingung, erfahren unser Lebensprinzip;

- **Persönlichkeitstypus** und erfahren, welche Anlagen wir besitzen und mit welcher Energie wir sie zur Wirkung bringen;

- **Karmapunkt** und erfahren, welche Aufgaben wir aus früheren Leben mitgebracht und zu lösen haben, das Grundthema unseres Lebens;

- **Schicksalszahlen** und erfahren, in welchem Alter wir mit Ereignissen zu rechnen haben, die für unsere Entwicklung wichtig sind.

Fazit: Der Karmapunkt zeigt uns die Aufgabe, die wir in diesem Leben zu erfüllen haben. Der Persönlichkeitstypus ist das uns zur Verfügung stehende Werkzeug, mit dem wir diese Aufgabe lösen können. Am Grundtypus erkennen wir das Prinzip, um das es dabei geht, und an den Schicksalszahlen die für Entwicklungsschritte prädestinierten Jahre.

Grundtypus

Die Zahl für den Grundtypus repräsentiert die Grundschwingung der Persönlichkeit.

Jennifer wurde am 15. 3. 1942 geboren. Die Quersumme ihres Geburtsdatums wird nun errechnet, indem die einzelnen Ziffern dieses Datums addiert werden. Wir notieren Tag, Monat und Jahr zuerst in der üblichen Form und notieren dann:

Beispiel Jennifer: Geburtsdatum 15. 3. 1942

$= 1+5+3+1+9+4+2 = 25$ (Quersumme des Geburtsdatums; im Folgenden **Quersumme I** genannt)

$2 + 5 = 7$ (Quersumme der Quersumme = Grundtypus; im Folgenden **Quersumme II** genannt)

Quersumme I = 25 wird in Quersumme II auf die Grundzahl 7 zurückgeführt. Die Grundzahl ist erreicht, wenn sich keine weitere Quersumme mehr bilden läßt. Wenn das Ergebnis also eine der natürlichen Kardinalzahlen 1, 2, 3, 4, 5, 6, 7, 8, 9 oder 0 ist, haben wir den Grundtypus ermittelt.

Die errechnete Zahl **7** gibt Auskunft über die **Grundschwingung** dieses Menschen.

Jetzt können wir schon einiges über Jennifer oder auch über uns oder über unseren Partner erfahren:

Wir lesen dazu im Abschnitt **Zahlenanalogien** für die **Grundschwingung** nach - in Jennifers Fall unter dem Zahlenschlüssel 7 (siehe S. 45).

Achtung: Es gibt bei der Ermittlung des Grundtypus eine Ausnahme! Wenn wir auf die Quersumme 10 kommen, so reduzieren wir nicht auf den Grundtypus 1, sondern auf den Grundtypus 0. Das hängt damit zusammen, daß die 1 dem Schöpferprinzip, dem Göttlichen vorbehalten ist.

Geburtsdaten, die **nach dem Jahr 2000** liegen: Hier kommen wir nicht immer auf eine zweistellige Quersumme I. Auf Grundlage des hermetischen Prinzips muß bei **allen** Geburtsdaten nach dem Jahr 2000 zu der ersten Quersumme die Dezimalzahl 10 hinzugerechnet werden. Grundlage zur Berechnung ist demnach wieder eine zweistellige Zahl.

Beispiel I: Geburtsdatum 1. 1. 2000
Quersumme I: $4 + 10 = 14$
Quersumme II: $4 + 1 = 5$
Persönlichkeitstypus 5 /14

Beispiel II: Geburtsdatum 4. 2. 2001
Quersumme I: $9 + 10 = 19$
Quersumme II: $1 + 9 = 10 = 0$
Persönlichkeitstypus 0/19

Persönlichkeitstypus

Die erste Quersumme ist der Grundtypus. Der Persönlichkeitstypus ist eine Kombination aus der ersten und zweiten Quersumme des Geburtsdatums. Die beiden Zahlen der ersten Quersumme zeigen, wie wir uns nach außen geben.

Demnach gehören zum **Persönlichkeitstypus** grundsätzlich drei Zahlenschwingungen. Der **Grundtypus** ist ein Energiekonzentrat, das die Wesensrichtung der beiden natürlichen Kardinalzahlen aus der Quersumme I in sich vereinigt, wobei die erste Kardinalzahl den **Anlagen** entspricht und die zweite ihrer **Wirkungstendenz**.

Und so bekommt man die Zahlenkombination für den Persönlichkeitstypus:

Unser Beispiel: Jennifer, 15.3.1942

Quersumme I = 25;

setzt sich zusammen aus den Kardinalzahlen 2 + 5 = 7 (Quersumme II)

Die Zahlenkombination für Jennifers Persönlichkeitstypus ist demnach 7/**25** (sprich: 7 aus 25).

Jennifers **Anlagen** (statische Qualitäten) werden von der Zahl **2** repräsentiert, der ersten natürlichen Kardinalzahl von Quersumme I. Demnach ist Jennifer ein eher introvertierter Mensch mit sehr guten geistigen Anlagen.

Die **Wirkungstendenz** (dynamische Qualitäten) dieser Anlagen ist in unserem Beispiel durch die **5** charakterisiert, die zweite natürliche Kardinalzahl von Quersumme I. Die 5 zeigt an, in welche Richtung, mit welcher Dynamik Jennifer ihre Anlagen verwirklicht.

Quersumme I repräsentiert ein ständig synchron schwingendes Kraftfeld. Ihre statischen und dynamischen Kardinalzahlen (hier die 2 und die 5) verweisen jedoch nur auf die Grundschwingung des Wesens, auf die energetischen Muster der Persönlichkeit. Man bezeichnet sie auch als Aura oder Ausstrahlung des Wesens.

Die Zahlenkombination für den **Persönlichkeitstypus** (hier 7/25) zeigt den Bewußtseinsstrahl an, die konstante astrale Grundschwingung des Menschen. Zusammen mit ihrem **Grundtypus** (hier 7), vermittelt sie einen Eindruck von der Haupttendenz der Seele und zeigt demnach, wie sie sich verwirklichen möchte. Die

Zahl für den Grundtypus bezieht ihre Kraft aus den beiden natürlichen Kardinalzahlen von Quersumme I (hier 2 und 5).

Der erste Schritt für Jennifer besteht nun darin, sich über die Qualitäten dieser beiden Grundzahlen bewußt zu werden: Das Denkprinzip (2), auf der Ebene der Philosophie, der Psychologie, der Ökologie des Bewußtseins zu verwirklichen. Ihre Quersummenzahlen deuten darauf hin, daß Jennifer aktiv oder passiv, direkt oder indirekt über ihre Außenwelt aufgefordert wird, psychologisch und philosophisch zu denken und zu handeln. Das ist ihr Beitrag zum Sein.

Ist diese Grundforderung erfüllt, kann sie sich ganz ungezwungen und mit Genuß dem Schöngeistigen, der geistigen Fülle des Lebens widmen.

Achtung: Es gibt beim Persönlichkeitstypus eine Ausnahme! Und zwar kann es nicht zu der erwünschten Verwirklichung des Persönlichkeitstypus kommen, falls die sich dadurch ergebende Aufgabenstellung nicht in Übereinstimmung mit dem Karmapunkt integriert wird.

Allerdings kann sich der **Persönlichkeitstypus** ausschließlich auf dem Boden des karmischen Hauptthemas seines Lebens tragfähig entfalten! Bei unserer Betrachtung müssen wir den **Karmapunkt** berücksichtigen, der ähnlich wie ein Filter wirkt.

Achtung: Hier gilt dasselbe wie für die Ermittlung des Grundtypus ! Wenn wir auf die Quersumme 10 kommen, so reduzieren wir nicht auf den Grundtypus 1, sondern auf den Grundtypus 0. Das hängt damit zusammen, daß die 1 dem Schöpferprinzip, dem Göttlichen vorbehalten ist.

Beispielsweise das Geburtsdatum: $2.5.1974 = 28 = 10 = 0$. Wir erhalten hier den Persönlichkeitstypus 0/28 und nicht 1/28.

Hinweis: Auf Grundlage des hermetischen Prinzips muß bei **allen** Geburtsdaten nach dem Jahr 2000 zu der ersten Quersumme die Dezimalzahl 10 hinzugerechnet werden. (Siehe auch Beispiel auf Seite **22**.)

Karmapunkt

Dann möchten wir noch etwas über Jennifers Lebensaufgaben erfahren und finden in dem Kapitel **Karmapunkte** Aufschlüsse über ihre karmischen, also aus früheren Existenzen kommenden Aufgaben, denn sie wird ihre Persönlichkeit ja erst dann voll zur Geltung und Wirkung bringen können, wenn sie dem Thema ihres Karmas gemäß lebt und die damit verbundenen Verpflichtungen einlöst.

Der **Karmapunkt** zeigt das Grundthema oder die Absicht der Seele: was sie in diesem Leben erledigen möchte. Er gibt Aufschluß über den roten Schicksalsfaden. Wir nehmen und lösen ihn glückbringend auf, indem wir mit der Energie unseres **Persönlichkeitstypus** dieses Grundthema unseres Leben bewältigen. Karmapunkt und Persönlichkeitstypus repräsentieren also Aufgabe und Werkzeug unseres Daseins

Die Verbindung dieser zwei Energien bildet den Ausgangspunkt der hermetischen Numerologie, die uns einfühlsam darüber aufklärt, wie der Mensch die in seinem Persönlichkeitstypus inkarnierte Seelenqualität harmonisch und glückverheißend zur Entfaltung bringen, also seinem Karma entsprechend leben kann, das im **Mondknoten** oder **Karmapunkt** angedeutet ist.

Numerologisch ausgedrückt bedeutet dies, daß der Karmapunkt den Widerstand darstellt, an dem die Seele sich zu ihrem Wachstum reiben will. Die Tages- und Monatszahlen hingegen repräsentieren die Bewußtseinsqualitäten, die gewährleisten, daß diese Reibung fruchtbar sein und die Lernaufgabe gemeistert werden wird.

Die einzelnen Zahlen der Geburtszeit sind den ganz persönlichen Eigenheiten des Wesens zugeordnet und verweisen auf persönliche Vorlieben für Farben, Musik, Kleidung usw. Zusätzlich geben sie Aufschluß über typische Reaktionsmuster und die Art und Qualität der Durchsetzung eigener Ansprüche.

Kommen wir zu unserem Beispiel zurück: Jennifer wurde am 15. 3. 1942 um 4:22 Uhr geboren. Wie wir bereits gesehen haben, sind 7/25 die Zahlen für Jennifers Persönlichkeitstypus. Sie ergeben sich aus den Quersummen I und II ihres Geburtsdatums. Aus der Tabelle auf S. 118 und 119 entnehmen wir, daß ihr Karmapunkt in der Jungfrau, liegt, da sie im Jahr 1942 geboren wurde.

Jennifers erste Aufgabe besteht also darin, die Qualität der Grundenergie ihres 7er-Typus - die Seelenenergie für ihre gegenwärtige Inkarnation - mit dem Hauptthema ihres Lebens in Einklang zu bringen. Die von den relevanten Zahlen von Geburtsdatum und Geburtszeit repräsentierten Bewußtseinsenergien, wurden Jennifer mitgegeben, damit sie ihre karmisch vorgegebenen Lebensthemen optimal meistern kann. Das heißt, ihre individuellen Geburtszahlen sind als Instrumente zur Bewältigung ihres Schicksals einerseits zu verstehen, andererseits enthalten sie zugleich schöpferische Potentiale zu ihrer spirituellen Weiterentwicklung.

Wie Jennifer diese Potentiale zur freien, kreativen Lebensgestaltung voll ausschöpfen kann, zeigen uns dann die Geburtszahlen im Numeroskop. Im **Numeroskop** können wir die Aspekte der einzelnen Zahlen erkennen, die uns erst einen wirklich tiefen Einblick in ihr Seelenleben gestatten.

Ihre **Tages- und Monatszahlen** (1 - 5 - 3) repräsentieren das Karmathema ergänzende Qualitäten, verweisen auf die Mittel und Wege zur Umsetzung und Bewältigung der gestellten Aufgaben. So müßte Jennifer vor allem die den Zahlen 1, 5 und 3 innewohnenden Eigenschaften entwickeln, um die Aufgaben ihres Karmas zu erfüllen. Die Geburtszeit (4:22 Uhr) deutet darauf hin, daß Jennifer mental orientiert (Doppelzwei) ist, mit einer guten Gabe, ihre Ideen in die Praxis (4) umzusetzen.

Indem wir das Verhältnis von geraden und ungeraden Zahlen berücksichtigen, erhalten wir Aufschluß über Jennifers Temperament, ihre persönliche Ausdrucksweise. Da Geburtsdatum und

Geburtszeit sich aus insgesamt fünf ungeraden und vier geraden Zahlen zusammensetzen, wird sie wahrscheinlich recht ausgewogen auftreten, fast in gleichem Maßen aktiv und reaktiv. Danach können wir dann Jennifers **Schicksalszahlen** ermitteln und ihr **Numeroskop** erstellen, das uns noch weitere Einblicke gibt - und die Suche nach ihrem idealen Lebensweg noch spannender macht.

Schicksalszahlen

Natürlich möchten wir auch wissen, wann ereignisreiche Zeiten für uns anstehen, in denen wir uns vielleicht ein weiteres Stück in Richtung Vervollkommnung unseres Wesens bewegen können.

Über eine Aufschlüsselung des Geburtsdatums können wir wichtige Lebensabschnitte und Wendezeiten ermitteln.

Die Methode zur Ermittlung der Schicksalszahlen ist ab Seite 132 genau beschrieben.

Das Numeroskop

Wir können also sagen, daß die Struktur eines Menschen aus seinem **Numeroskop** ersichtlich ist, denn die dort vertretenen Zahlen und Planeten repräsentieren energetische Archetypen, die im Laufe des Lebens zur Wirkung kommen. Natürlich kann der Mensch diese ursächlichen Kräfte in die von ihm gewünschten Bahnen lenken und nach seinen Vorstellungen modellieren. Vorsehung gibt es nicht, zumindest nicht im Sinne einer absolut festgelegten Bestimmung.

Das Numeroskop enthält sozusagen den Lebensplan, deckt die Intention einer Inkarnation auf und klärt über die möglichen Mittel und Wege zur Einlösung der schicksalsbestimmenden Prinzipien auf. Mit "Einlösen" meinen wir hier, daß der Mensch sich sein Karma immer selbst schafft. Solange er jedoch nicht einmal sein für ihn unmittelbar erfahrbares und von ihm selbst geschaffenes Karma bewußt erkennt, kann er unmöglich die größeren Gesetzmäßigkeiten des Schicksals durchschauen. Er wird die großen und bewegenden Kräfte nicht wahrnehmen, die das Schicksal überhaupt erst verursachen Jede Schuldprojektion auf die Außenwelt verzögert natürlich den Lernprozeß - und jeder stellt so lange einen Widerstand im Kollektiv dar, bis er an seinem Schatten selbstverantwortlich arbeitet.

Das Numeroskop ist also ein Meßinstrument für persönliche Schicksalszusammenhänge. Es gibt Aufschluß über verborgene Strömungen im Bewußtsein. Das Numeroskop ist vom Prinzip her den gleichen Erscheinungsformen unterworfen wie das Universum. Es entspricht dem inneren Aufbau seines Wesens. Indem es dem Menschen die spezifische Zusammensetzung der universellen Strahlungseinflüsse auf seine Persönlichkeit und sein Leben vermittelt, zeigt es uns, was wir aus den eigenen Fehlern und Begrenzungen lernen und wie wir sie überwinden können. Die Zahlen repräsentieren die geistige Ebene, das noch Unverkörperte, die Planeten hingegen die Wirkungen dieser Anlagen in der sichtbaren Welt.

Es gibt zwei Arten von Numeroskopen, nämlich das individuelle und das **Partnerschafts-Numeroskop.** Dieses Beziehungs-Numeroskop ist auf Ehe, Freundschaft, Arbeitsverhältnisse, Verwandtschaften, kurz: für alle wichtigen zwischenmenschlichen Beziehungen anwendbar. Man kann damit gemeinsame wie gegensätzliche Strukturen erkennen. Das Partnerschafts-Numeroskop zeigt, welche Kräfte, harmonischen Übereinstimmungen und Herausforderungen eine Beziehung fördern und zusammenhalten oder belasten und sprengen.

Wenn du wissen möchtest, wie du ein solches Numeroskop erstellen kannst, keine Angst, wir werden es noch beschreiben, und zwar ab Seite 137.

Zusammenfassung

* Die **Quersumme I** des **Geburtsdatums** ist zweistellig.

* Die erste natürliche Kardinalzahl dieser Quersumme verweist auf die statischen **Anlagen** eines Menschen, die zweite auf deren **Wirkungstendenz**. Sie aktiviert das in der **Anlagen-Zahl** schlummernde Potential und läßt es nach außen wirken.

* Die **Quersumme II** repräsentiert den **Grundtypus**, das beständig wirkende Energieprinzip (Aura) eines Menschen.

* Mehr über den Grundtypus und die Bedeutung der Zahlen können wir dem Kapitel **Zahlenschlüssel** entnehmen.

* Die **Quersummen I und II** aus dem Geburtsdatum repräsentieren zusammen den **Persönlichkeitstypus**.

* Die Ausführungen zum **Persönlichkeitstypus** zeigen, mit welchen Energien der einzelne das aus dem **Karmapunkt (Mondknoten)** ersichtliche Thema seines Lebens aktiv gestaltend meistern kann.

* Der **Karmapunkt** gibt die grundsätzlichen Themen für dieses Leben vor. Der **Persönlichkeitstypus** kann sich nur auf dem tragfähigen Boden des Karmas entwickeln. Der Karmapunkt wirkt dabei wie ein Filter

* **Tages- und Monatszahl** weisen auf die vor dem Hintergrund des Lebensthemas zu entwickelnden Bewußtseins- und Charakterqualitäten hin.

* Die Zahlen der **Geburtszeit** machen auf persönliche Eigenheiten und Vorlieben aufmerksam, den individuellen Geschmack für Musik, Farben, Kleidung, Einrichtung usw. Ferner geben sie über typische Reaktionsmuster Aufschluß.

* Das **Numeroskop** ist also ein viel- und feinstimmiges Meßinstrument für **Schicksalszusammenhänge**. Es offenbart, welche Strömungen Bewußtsein und Handeln eines Menschen prägen.

Der Zahlenschlüssel

Zahlenanalogien
für die
Grundschwingungen
0 - 9

0

Die Zahlenanalogie

Die 0 stellt den nicht manifestierten schöpferischen Willen dar, den Urgrund allen Seins - die Schöpfung, die noch ungeboren, noch Einheit ist. Sie ist deshalb auch das Symbol dafür, daß im Anfang das Ende und im Ende der Anfang beschlossen liegt, dargestellt in der *Schlange Oroboros* (Abb. S. 51), die sich immerwährend kreisend in den eigenen Schwanz beißt und für den ewigen Kreislauf des unendlichen Seins im Zyklus von Werden und Vergehen steht. Vor jedem Neuanfang steht ein Ende, bevor wir einatmen können, müssen wir ausgeatmet haben. Dieses Gesetz gilt für alle Ebenen der Erscheinungen, für die großen Zyklen des Aufstiegs und Verfalls von Kulturen nicht weniger als im individuellen Leben für den Wechsel von Erfahrungen und Beziehungen: bevor Neues entstehen kann, muß Altes vergehen.

Die 0 repräsentiert die Kraft der Transformation, die das formbildende Prinzip in sich aufnimmt, es durch Einsicht verwandelt und ihm dann eine neue Lebensform gewährt. Sie symbolisiert auch die Energie, die aus dem scheinbaren Nichts entsteht. Im Tarot entspricht ihr die Karte 10 "Rad des Schicksals", also das *Lebensrad*. Sich unaufhörlich drehend, bringt es nach oben, was eben noch unten war, und stürzt, was seinen Höhepunkt überschritten hat. So folgt der warmen die kalte Jahreszeit, der Hochkonjunktur die Depression, dem Krieg der Frieden usw. Der Kreis, in sich geschlossen und ganz, ist in allen Kulturen das Ursymbol für die Ganzheit des Kosmos. In tiefer Meditation fängt der Atem wie von selbst an zu kreisen. Die ganzheitliche Kraft des Lebens äußert sich im Atem natürlich und spontan, sobald der Mensch sich der Ganzheit des Bewußtseins nähert.

Die tragende Schwingung
des Grundtypus 0

Im persönlichen Bereich versteht man es, Innen und Außen miteinander zu verbinden. Brücken öffnen sich zwischen Seele und Materie, ja möglicherweise selbst zwischen Diesseits und Jenseits, denn Menschen vom Grundtypus 0 (mit einer 10 in Quersumme II, die sich bei 19, 28, 37, 46, 55, 64 usw. in Quersumme I ergibt), haben oft auch Anlagen zur Medialität. Der sogenannte 0-er Typus ist ein **Wandlungstyp** (siehe auch im Kapitel "Wandlungstypen", Seite 54), der sich mindestens einmal, meistens jedoch mehrmals in seinem Leben, zur nächsthöheren Ebene seiner tragenden Schwingungen weiterentwickelt. Die 0 steht aber auch für Einsamkeit. Positiv erlebt wird sie zur Verinnerlichung und schließt einen natürlichen Zugang zur Transzendenz auf; negativ erlitten artet sie leicht in Isolation und in eine Flucht ins Irrationale aus. In jedem Fall jedoch weckt die 0-Schwingung starkes Interesse an Jenseits-Philosophien und Esoterik.

Stichworte: Vollendung, aber auch Chaos, Friede, Geduld, Neuschöpfung, unbegrenzte Möglichkeiten, Licht- und Schatten in einem

Schlüsselwort: Schöpfungswillen

zugeordneter Planet: Mond

1

Die Zahlenanalogie

Die Zahl 1 ist der Geistpol des Menschen. Sie stellt den geistigen Willen, die Persönlichkeit, Motivations- und Zentralkraft im menschlichen Sein dar. Die 1 symbolisiert das weltliche Ich, den ganz vom eigenen Standpunkt eingenommenen Willen und infolgedessen einen Menschen, der sich für den Mittelpunkt der Dinge hält: die Welt, die anderen, ja alle Erscheinungen sollen sich gefälligst seinen Ansprüchen fügen. Die 1 ist also der **Gegenpol zum wahren Selbst**, dem transpersonalen Ich der Lichtdimension. Die 1 repräsentiert die erste Emanation des Geistes und ist daher noch nach allen Seiten formbar. Da die 1 den Geistpol im Numeroskop darstellt, braucht sie als Gegengewicht die Erdung durch die 6, ihren numerologischen Gegenpol. (Die 6 kanalisiert die *plutonischen* Energien der 1, so daß sie sich entfalten können.)

Wichtigste Linie im Numeroskop ist deshalb die Opposition von 1 und 6 (s. Abb. S. 146). Sie stellt das Rückgrat des Menschen dar, gleichzeitig den Aufstieg der Lebenskraft vom Wurzel-Chakra (6) zum Scheitel-Chakra (1). Nach seinen Möglichkeiten an der Verfeinerung der Spannung dieser scheinbaren Opposition zu arbeiten, diese Aufgabe stellt sich jedem Menschen immer wieder neu. Die Chakrenlehre zeigt uns, wie sie zu bewältigen ist, denn die unteren vier Chakren liefern den drei oberen geistigen Chakren die notwendige Lebensenergie.

Die 1 ist an sich keine Zahl, vielmehr stellt sie die Einheit im sichtbaren Universum dar. Alle Zahlen bestehen aus Ein-heiten der Kardinalzahl 1. Glücklich sind die Menschen, wenn sie "Eins" sind. Die 1 ist Ausgangspunkt der Schöpfung, repräsentiert damit also den ersten Schritt zu Materialisierung und Konkretisierung. Diese gewaltige **Plutokraft** hat bereits Wesen transformiert, bleibt aber verborgen im Urgrund und bedarf eines Gegenpols, um sich selbst bewußt als Ich oder Einheit wahrzunehmen. Keine Zahl existiert, ohne daß dieser eine andere Zahl vorausgeht. So "opfert" sich also eine Zahl, um wegbereitend sich in der nächsten zu erfüllen. Ein Brahmanengedicht mag dies verdeutlichen:

So wahr aus der Eins die Zahlenreihe fließt, so wahr aus dem Keim des Baumes die Krone sprießt,

so wahr erkennst Du, daß der ist einzig einer, aus welchem Alles ist, und gleich ihm ewig keiner.

Die tragende Schwingung des Grundtypus 1

Menschen mit mehreren 1-en im Geburtsdatum sind Selbstdarstellungskünstler und haben einen vergleichsweise großen Geltungsdrang. Aber die 1 repräsentiert darüber hinaus Unabhängigkeit: je mehr Einsen im Geburtsdatum stehen, um so größer ist das Bedürfnis danach. Die 1 steht für den Kopf des Menschen, also die Willens- und Schöpferkraft. Je öfter die 1 auftaucht, desto schwerer fällt es einem Menschen, sich auf seine Umwelt einzustellen. Die 1 ist der sichtbare Schöpfungsimpuls, der aus der 0 entspringt. Mit der 1 des Menschen ist sein Ich und seine Individualität gemeint.

Stichworte: Ich, Geistpol, der geistige Wille (Pluto), Motivationskraft, Persönlichkeit, Individuum, Ich

Schlüsselwort: Individualisierung.

zugeordneter Planet: Pluto

2

Die Zahlenanalogie

Die 2 ist die Zahl der Ergänzung und Polarität, der Schritt vom Ich zum Du oder vom Du zum Ich. Sie symbolisiert das Unbewußte **(Neptunprinzip)** und ist die erste teilbare Zahl. Zwei Punkte ergeben eine Linie. In der 2 liegen die Gemeinsamkeit von Gegensätzen und aber auch das gegensätzlich Unvereinbare eng beieinander, das die Zweisamkeit in Einheit zu verhindern mag. Man denke an die berühmten Worte aus Goethes *Faust*: "Zwei Seelen wohnen ach in meiner Brust." Im Wort "Zweifel" sind Zweiheit und Unterscheidungsvermögen, das Prinzip des Denkens angedeutet. Deswegen symbolisiert sie Denken und Denkkraft auf der Ebene stofflicher Zweiheit. Sie übt eine verbindende und vermittelnde Funktion zur 3 aus. Aus der 1 sich äußernd repräsentiert die 2 den nächsten Schritt des Individuums in Richtung Selbstwahrnehmung und -erkenntnis. Die 1 ergießt sich in die 2 - die 2 trennt, spaltet, zerlegt und vermittelt und wirkt demnach wie ein großer Spiegel. Alle gedanklichen Kontaktfunktionen (Denken, Prüfen, Verbinden, Assoziieren, Kombinieren, Planen usw.) stehen unter der Herrschaft der 2 und ihrer Polarität.

Polarität bedeutet jedoch nicht unwandelbaren Gegensatz oder unüberbrückbare Dualität. Das fließende Gleichgewicht aller grob- und feinstofflichen Schöpfungen verhindert eine solche Verhärtung. Physikalisch erhält ein Zustand, eine Sache, ein Gefühl, ein Objekt, ein Vorgang seine Stabilität durch das Molekulargleichgewicht von Positronen und Negatronen. Aber letztendlich kehrt alles aus dem Licht ins Licht zurück. Dieses fließende Gleichgewicht nennen wir nach dem 5. hermetischen Gesetz: das Gesetz des Rhythmus. Alles im Kosmos geschieht in Kreisen. Der zyklische Verlauf ist vorgegeben.

Die scheinbare Widersprüchlichkeit, ja Feindschaft von Gegensätzen ergibt sich erst aus dem Bewußtsein des Betrachters; je nach Schwingungsdichte wirkt es mehr oder weniger beschränkend oder ausgrenzend. Eben damit treibt das Bewußtsein die Polarisierung unter Umständen noch ein Stück weiter. Anders ausgedrückt: der Mensch sieht und empfindet nur, was man aus eigener Resonanzfähigkeit her kennt.

Haß kann sehr schnell in Liebe und Liebe sehr schnell in Haß umschlagen. Das eine ist jedenfalls immer der Gegenpol des anderen. Man kann Wasser erhitzen und verdampfen oder aber zu Eis gefrieren lassen. Im Grunde bleibt es immer Wasser. These und Antithese haben den gleichen Ursprung, und nur durch die Gegenüberstellung beider Pole kann eine Synthese entstehen (das Wirkungsprinzip der 3): Hat man verstanden, daß nicht die Dinge einander ausschließen oder bekämpfen, sondern daß vielmehr das menschliche Bewußtsein ihre Polarität ins Spiel bringt, dann kann man die Gegenpole wieder eins werden lassen.

Die tragende Schwingung des Grundtypus 2

Ungewöhnliche geistige Beweglichkeit öffnet über systematisches, mentales Vorgehen der Selbsterkenntnis immer neue Tore. Ein anpassungsfähiges Wesen, zu kreativem Denken befähigt.

Wünschen und Wollen sind ausgeprägter als praktisches Handeln. Die eigenen Ideale können nicht in jedem Fall verwirklicht werden.

Der 2-er Typ wirkt sehr sympathisch, denn er strebt intuitiv immer danach, sich erstens mit gegensätzlichen Standpunkten auseinanderzusetzen und diese zweitens in mentaler Synthese zu vereinigen.

Stichworte: Denken und Denkkraft, Theorie und geistige Gestaltung, Bewußtsein, Unterscheidungsvermögen, Intellektuelles allgemein; der nächste Schritt der 1 des noch ungestalteten Ich zur Selbstwahrnehmung.

Schlüsselwort: Polarität

zugeordneter Planet: Neptun

3

Die Zahlenanalogie

Die 3 ist eine aktive Zahl. Sie symbolisiert den Impuls zur Tat. Nach dem Unterscheiden und Überprüfen kommt die Ent-Schei-dung. Die 3 steht für Um- und Durchsetzungsimpulse. Treffend läßt sie sich als praktische Anwendung der in der 2 beschlossenen Kräfte definieren.

Zur Entscheidungsfähigkeit gehören Spontaneität, Initiative und Handlungsfähigkeit. Die 3 schafft aus dem Gegensatzpaar von 1 und 2 in Erkenntnis eine höhere Einheit. Die Dreigliederung von Vater (Osiris), Mutter (Isis) und Horus (Sohn) in den ägyptischen Überlieferungen, sowie die indische Dreigliederung in Brahma (Schöpfer), Vishnu (Erhalter) und Shiva (Zerstörer und Erneuerer) setzt sich in allen Hochreligionen fort. Die 3 entspricht dem Werdegang einer Idee (1), die in allen Nuancen durchdacht wird (2) und schließlich vom Tatimpuls (3) in die Tat umgesetzt wird. So motiviert das 3-er Prinzip als aktives Ursymbol auf der fein-stofflichen Ebene alle vorhandenen Energien. In Erklärung dieses immer noch feinstofflichen Prozesses beginnen wir den Zahlen-kreis mit den 3 trans-saturnischen Planeten Pluto (1), Neptun (2) und Uranus (3). Die Unterscheidung in physisch-psychische und spirituelle Substanz ist ebenfalls das Wesen der Zahl 3.

Die tragende Schwingung
des Grundtypus 3

Die 3 steht für das Prinzip der Unterscheidung, Trennung und geistigen Reinigung, in der Alchemie als *Purefactio* bekannt. Sie verkörpert in sich die Grundvibration des geistigen Willens, der sich im Materiellen zu verwirklichen strebt. Wie wir bereits gesehen haben, vermittelt die 3 zwischen den Wirkkräften von 1 und 2. Über die ihr innewohnenden Kräfte der Intention treibt sie zur Vollendung im Materiellen. Außerdem repräsentiert sie eine erste Bewußtwerdung des Menschen, denn sie befähigt zur Synthese.

Der 3-er Typ dynamisiert. Er stellt den männlichen Gegenpol zur Empfindungswelt des weiblichen Prinzips der 8 dar. (3 - 8 sind eine für das Numeroskop wichtige Achse.)

Stichworte: Tatkraft und Wille, Durch- und Umsetzungsimpulse, männlicher Pol bzw. männliche Energie, Initiative, Spontanität

Schlüsselwort: Entscheidungsfähigkeit

zugeordneter Planet: Uranus

4

Die Zahlenanalogie

Die 4 ist seit Urzeiten das Symbol der Materie, der Erde. Ihr geometrisches Symbol ist das Kreuz. Sie symbolisiert die äußere sichtbare Form, bezeichnet Körperlichkeit, Verwirklichung einer Idee, Materialisierung, Fixierung, Festlegung, Struktur, kurz alles Meßbare und dinglich Konkrete. Ihr ist der Planet Saturn zugeordnet, die Energie der Strenge und Verbindlichkeit. Die Zahlenreihe von 1 bis 4 symbolisiert darüber hinaus jeden beliebigen in sich geschlossenen Schöpfungsprozeß, der von einer ursprünglichen Idee zur sichtbaren Form führt.

Die 4 ist also die Zahl der Materie, der Erde und des festen Fundaments; gleichzeitig verweist sie auch auf die vierte Dimension: die Zeit. Saturn wird auch der Vater der Zeit genannt. Im Schnittpunkt des Kreuzes (4) lösen sich Raum und Zeit auf, hier findet die Erlösung aus der Materie statt, wie die Kreuzigung Jesus Christi sie zum Ausdruck bringt. Das Herz von Jesus liegt dabei genau über dem Schnittpunkt der beiden Achsen des Kreuzes. Das bedeutet: der Weg des Herzens hebt die Schranken des im Materiellen verhafteten Denkens auf.

Die materielle Schöpfung ist mit der 4 in sich abgeschlossen, denn 1 + 2 + 3 + 4 sind gleich 10. Alle weiteren Zahlen sind Zusammensetzungen dieser vier Grundzahlen, die die vier die gesamte Schöpfung tragenden Elemente repräsentieren. Entsprechend repräsentiert die 4 auch weitere Vierergruppen physischer Entfaltung wie etwa die vier Grundtemperamente: cholerisch, phlegmatisch, melancholisch und sanguinisch.

Die tragende Schwingung
des Grundtypus 4

Der 4-er Typus sieht seine Hauptaufgabe darin, Pläne auszuführen. Er ist zuverlässig, diszipliniert, verbindlich und beharrlich. Ein gewisser Hang zum Traditionellen läßt sich nicht leugnen. Da die 4 hauptsächlich die Fixierung und stoffliche Umsetzung versinnbildlicht, haben wir es hier mit einem Menschen der Tat zu tun. Vom Saturn regiert, zeichnet er sich aber auch durch Fleiß und den Griff nach Kontrolle und weltlicher Macht aus.

Stichworte: Materie, Erde, sichtbare Form, Körperlichkeit, Konkretisierung, Materialisierung, Fixierung, Struktur, Meßbarkeit, Verbindlichkeit

Schlüsselwort: Verwirklichen

zugeordneter Planet: Saturn

5

Die Zahlenanalogie

Die 5 ist die Quintessenz der Schöpfung und symbolisiert den Menschen. Ferner bedeutet sie Neuschöpfung und Ausdehnung, verkörpert demnach die Strahlung des Planeten Jupiter. Fünf Sinne hat der Mensch; über sie erkennt er sich als eigenständiges Wesen. Nur weil der Mensch über die fünf Sinne wahrnimmt, kann er nach umfassender Bewußtheit streben. Dazu gehören ein gewisser Sinn für Proportionen, klare Wertvorstellungen und Urteilsvermögen. In diesem Sinn markiert die 5 den Aufbruch zu neuen Ufern.

Als nächster Entwicklungsschritt nach Vollendung der materiellen Schöpfung, repräsentiert die 5 das zutiefst Menschliche, das sie zum Maß der Dinge macht. Hier kann der Mensch seine Gestatungskräfte im Sinne der weiteren Evolution auf die Involution richten: auf die Verinnerlichung neuer Werte und Maßstäbe. Im Prozeß fortschreitender Erkenntnis werden die alten und übernommenen Werte der 4 mit der 5 den Voraussetzungen ihrer neuen Welt angepaßt.

Die 5 steht also für Gerechtigkeit, menschliche Reife und Erfahrung. Als veranschaulichendes Beispiel mag uns die Funktion des Richters oder Sachverständigen dienen. Um eine Idee oder Sache zu beurteilen, muß sie gewollt (1); bewertet und unterschieden (2); umgesetzt (3); und realisiert (4) worden sein. Das heißt: es muß eine Verdinglichung im Sinne der Zahlenreihe 1-4 stattgefunden haben. Der Richter muß eine entsprechende Reife und selbst genügend Erfahrung mit dem Tatbestand oder dem Sachverhalt besitzen, um überhaupt sinnvoll entscheiden zu können. Als Repräsentant des 5-er Prinzips unterscheidet er alles

Vorhandene (4) und fällt erst dann ein alle Seiten berücksichtigendes und gerechtes Urteil.

Als das zutiefst Menschliche symbolisiert die 5 den Schnittpunkt des Kreuzes und damit das Herz.

Die tragende Schwingung des Grundtypus 5

Das 5-er Prinzip ist die koordinierende und zugleich organisierende Kraft im Menschen. Sie verbindet die Erkenntnisfähigkeit der Tradition (4) und leitet sie in neue, zeitgemäße Bahnen. Die 5 stellt die expansive Kraft im Numeroskop dar und wirkt im Menschen daher als die Energie des Ausgleichs, Aufbaus und der Neustrukturierung.

Ein jovialer und weltaufgeschlossener Mensch, der sich für das Neue interessiert und die Kräfte hinter den sichtbaren Erscheinungen philosophisch ergründen und durchdringen möchte. Kraft seines Geistes kann er die äußere Materie erneuern.

Stichworte: Neu- und Umgestaltung, sachliches Prüfen, Urteilen und Regieren, an menschlicher Erfahrung gewachsener Sinn für Gerechtigkeit, reife Wirklichkeitsnähe
Schlüsselwort: Erkenntnis
zugeordneter Planet: Jupiter

6

Die Zahlenanalogie

In der hermetischen Numerologie repräsentiert die 6 den Gegenpol zur 1. So paradox dies klingen mag: gerade mit ihrer Opposition ist sie die tragende Kraft für den Geistpol. Das heißt: sie zieht alle Energien bis in die tiefsten Niederungen und läßt sie von dort erneut aufsteigen. Deswegen repräsentiert sie die grobstofflichste Art von Schwingungen. Sie entspricht dem Basis-Chakra und seiner unausgereiften Lebenskraft. Trotzdem wirkt sie ausgesprochen schöpferisch, ist sozusagen der "Arbeiter am Bau" und damit ein unersetzliches ausführendes Organ.

Die 6 ist motorische Trieb- und Durchsetzungskraft - die Marsstrahlung der materiellen Wirklichkeit. Sie steht für Leistungs- und Durchsetzungsvermögen auf der stofflichen Ebene und natürlich auch für Sexualität und Erneuerung über Trieb und Instinkt. Ferner zeigt sie Widerstände und Aggressivität an, im negativen Extrem vielleicht auch Gewalt, Roheit und Egoismus. Unter positivem Vorzeichen repräsentiert sie Leistungsfähigkeit und versteht es, rohe Energie in den Dienst sinnvoller Aufbauarbeit zu spannen. Der 6-er Typ kann zupacken und wirklich etwas bewegen.

Die tragende Schwingung des Grundtypus 6

Das 6-er Prinzip entspricht dem Körperwillen. Die 6 ist die instinktive, motorische Kraft, die einen vorgegebenen Plan ausführt. An den Bereich des Körperlichen gebunden, äußert sie sich als Ehrgeiz, Einsatzwille, Entschlossenheit und Mut. Die Energie der 6 trägt die elementaren Impulse wie Selbsterhaltung, Fortpflanzung usw.

Der 6-er Typ bezieht seine Ideale unmittelbar aus der Körperenergie und lebt sie im Sport oder sehr stark leistungsbezogen im Beruf aus. Der triebhafte Wille und die Leidenschaftlichkeit dieses Grundtypus sorgen für ständige innere und äußere Bewegung. Die 6 ist die Kraft der Formgebung.

Stichworte: rohe Kraft, Triebhaftigkeit, Basis-Chakra, Motorik, Sexualität, Gewalt, materielle Leistungsfähigkeit; notwendiges Gegengewicht zum Geistpol, sorgt für den erforderlichen Schub eines Neuanfangs "von ganz unten".

Schlüsselwort: Triebkraft

zugeordneter Planet: Mars

7

Die Zahlenanalogie

Die 7 vollendet, was die 6 begann, und schenkt damit materielle Fülle. In allen Religionen und Mythologien begegnen wir ihr recht häufig: 7 Chakren gibt es und nach der alten Astrologie 7 Planeten. 7 heilige Stufen führen zum Göttlichen. Wir kennen 7 Grundtöne der Musik, und 7 heiligen Strahlen. Die 7 markiert den Endpunkt des Krafttrigons, das von der Zusammenschau der 5 über die gestaltende Kraft der 6 schließlich zu materiellem Reichtum führt.

Sie führt das seelische Element in den Zahlenkreis ein und infolgedessen zu einer erhöhenden Vervollkommnung der Materie. In ihr wird die rohe Energie der 6 zu echter Kreativität genützt. So symbolisiert sie Rhythmus und pulsierendes Leben. Wirklich entfalten kann sie sich aber nur, wenn die sechs Prinzipien ihrer

Vorläufer (die Schwingungen der Zahlen 1 bis 6) integriert und verinnerlicht wurden. Astrologisch ist der 7 die Sonne zugeordnet, ein weiterer Hinweis auf mühelose Entfaltung und schwungvolle Verwirklichung.

Ihr Gegenpol ist die 2, und das ist leicht zu verstehen. Für das Denken und der theoretischen Gegenüberstellung in unsichtbaren Geist- und Bewußtseinsprozessen, stellt sich die materielle Vollendung ganz natürlich als scheinbarer Gegensatz zur Verfügung. Aber es ist ein notwendiger Gegensatz, denn er setzt eine Grundschwingung in Bewegung, die Geistiges in Materie umsetzt. Gleichfalls gilt hier das hermetische Gesetz der Schwingung, es erklärt, daß Unsichtbares durch eine entsprechende Schwingungsverdichtung (7) sichtbare Gestalt annehmen kann. Geist in seiner niedrigsten Schwingung ist Materie, und Materie in ihrer höchsten Schwingung ist Geist.

Darüber hinaus ist die 7 die Zahl der biologischen Regeneration. Nach sieben Jahren haben sich alle Zellen des menschlichen Körpers erneuert. Rein physisch sind wir dann nicht mehr dieselben. Im Numeroskop betont die 7 die Möglichkeit der Verfeinerung von Materie in feinstoffliche Schwingungen und deutet auf die noch weiterreichende Vervollkommnung in der 8.

Die tragende Schwingung des Grundtypus 7

Das 7-er Prinzip repräsentiert die Vollendung der Materie in einem Entwicklungsschritt, der schon über sie hinausweist, und erweitert damit das materie- und körperbezogene Denken der 6. Die 7, das ist reines Gold, gewissermaßen die Kristallisierung des unverfälschten Lichts der Sonne. Der 7-er Grundtypus hat etwas Sonnenhaftes und Sonniges an sich, eine seelische "Rundheit", die auf dem unmittelbaren Verstehen der Schöpfung und ihrer Gesetze beruht.

Ein feinsinniger Mensch, der sich und die Welt ästhetisch und künstlerisch verfeinern möchte. Ästhetische Erziehung und seelische Veredelung sind jedoch kein Selbstzweck. Vielmehr repräsentieren sie ein tiefes Mitfühlen mit den Sorgen und Problemen anderer Menschen und Geschöpfe. Der 7-er Grundtypus erfaßt seine Mitmenschen intuitiv, denn er kann ihre Schwingungen unmittelbar wahrnehmen.

Stichworte: beseelte Materie, Lebensfülle, Kreativität, Rhythmus, Freude am Materiellen: der 7-er Typus schöpft geistig, seelisch und materiell gern aus dem Vollen

Schlüsselwort: Vergeistigung

zugeordneter Planet: Sonne

8

Zahlenanalogie

Die 8 symbolisiert Unendlichkeit, die Lemniskate, die der Magier auf der Tarotkarte über seinem Kopf trägt. Sie steht numerologisch zwischen der Sieben und der merkurisch-schillernden Neun, die zu weiterer Vollendung führen oder aber auch den Absturz ins Chaos ankündigen kann.

Die Wirkung der 8 läßt sich auf einen Begriff bringen: große Harmonie. Die unendliche Schleife veranschaulicht zum Beispiel den Jahresweg der Sonne und damit die fließenden Übergänge von Licht in Dunkelheit, die sich wieder in Licht verwandelt - in der ewigen Wiederkehr der kosmischen Zyklen. Darüber hinaus steht die 8 für Kunst und Erotik, wie ganz allgemein für alle Spielarten der ästhetischen Verfeinerung. Kein Sternzeichen paßt besser zu ihr als die von der Venus regierte Waage.

Taucht in den Geburtszahlen die 8 mehr als nur einmal auf, haben wir einen künstlerisch veranlagten und hochsensiblen Menschen vor uns. Unter eher negativen Vorzeichen kann er sich aber gleichzeitig als genußsüchtig und labil erweisen. Dann fehlt das Durchsetzungsvermögen. Ein solcher Mensch geht den Weg des geringsten Widerstandes.

Überdies versinnbildlicht die 8 das hermetische Prinzip: "Wie unten, so oben", das die Übereinstimmung von Mikrokosmos und Makrokosmos festlegt.

Die 8 bezeichnet im Numeroskop den weiblichen oder Venus-Pol, während die 3 den männlichen oder Uranus-Pol repräsentiert. Zusammen bilden sie die sogenannte Beziehungsachse. Nach Jung geht es hier um die Angleichung von Anima und Animus. Meistens wird bei dieser Grundkonstellation (3 - 8 Opposition) der Lebensweg über Partnerbeziehungen die wichtigsten Lebenserfahrungen bringen, bei Nichteinlösung dieser Grundpolarität vollzieht sich dies einseitig im Schwelgen, Wünschen und der Phantasie (8) ohne den Impuls der Durchsetzung (3).

Die tragende Schwingung des Grundtypus 8

Als Verdopplung der 4 entledigt sich die 8 der Materie. Sie repräsentiert infolgedessen das astrale Prinzip, das den Weg zur geistigen Freiheit und Unendlichkeit zeigt. In ihr manifestieren sich Sympathie und die Strahlung einer alles durchdringenden Wandlung von innen.

Ein Mensch, der nicht unbedingt mit Worten, sondern mehr über sinnliche und persönliche Ausstrahlung wirkt. Repräsentiert ist eine wandlungsfreudige Energie, die sich durch Anpassung zu erneuern versteht. Wertfreiheit und Lebensfreude machen den

Menschen für alles Schöne und Besondere, ganz gleich in welchem Bereich.

Stichworte: Weiblichkeit im weitesten Sinne des Wortes, Erotik, Kunst, Ästhetik, schöngeistige Ambitionen; der 8-er Typus strebt nach dem Gleichgewicht zwischen materieller und geistiger Welt

Schlüsselwort: Ausgleich

zugeordneter Planet: Venus

9

Die Zahlenanalogie

Die 9 schließt den Zahlenkreis ab - in Chaos oder Vollendung. Sie zeigt eine Wandlungsfähigkeit an, die Materie über eine weitere Transformation in den ursprünglichen Kreis und damit die Ganzheit der 0 zurückführt. Neun ist selbst mathematisch eine okkulte Zahl, da jede Zahl mit der Neun addiert immer wieder die gleiche Grundzahl als Quersumme ergibt, egal welchen Ausgangswert die Zahl hatte.

Beispiel:

$5 + 9 = $ 14 (Quersumme 5)

$36 + 9 = $ 45 (Quersumme 9)

Bei der Multiplikation wirkt sich die 9 ähnlich aus. Gleich welche Zahl mit 9 multipliziert wird, die Quersumme ist 9.

Beispiel:

$4 \times 9 = $ 36 (Quersumme 9)

$17 \times 9 = $ 153 (Quersumme 9)

Mit ihrer spezifischen Schwingung löst die 9 auf, drängt auf ständige Bewegung, macht ungeduldig und stellt alles in Frage.

Sie versinnbildlicht den Grundsatz des chinesischen *I Ging*, nach dem einzig die Wandlung Bestand hat. Als formauflösendes Prinzip muß die 9 den Zahlenkreis abschließen, denn ohne sie gäbe es keinen Neuanfang aus der 0. Ihr Gegenpol ist die 4, welche ja Statik und Fixierung bedeutet. Die 4 und die 9 bilden die sogenannte Schicksalsachse, 4 als ordnendes, 9 als auflösendes Prinzip. So widersprüchlich es klingen mag: es muß in seine Bestandteile zerfallen, was immer Gestalt annahm. Dies gilt für menschliche Beziehungen nicht weniger als für alles dinglich Konkrete. Menschen mit den Zahlen 4 und 9 im Geburtsdatum schwanken wahrscheinlich häufig zwischen Chaos und Ordnung. Ihnen ist vor allem aufgegeben, im Leben die Mitte zu finden, und zwar durch planvolles Vorgehen, Setzung von Zielen und Prioritäten und den sinnvollen Umgang mit der Zeit.

Das Prinzip der 9 wirkt überall, wo sich feste Routine eingeschlichen hat. Die Evolution kennt nur die Erfüllung ihrer Gesetze, nämlich das Neue muß immer auf das Alte aufbauen. Deswegen braucht die 9 ein gewisses Chaos, ohne das keine Umstrukturierung möglich wäre. So ist sie Wegbereiterin des Neuen - und in ihrer höchsten Ausprägung Grundlage für universelles Bewußtsein.

Die tragende Schwingung des Grundtypus 9

Die Energie der 9 will auflösen, Normen über Bord werfen, eingefleischte Verhaltensmuster transformieren. Ihre merkurische Kraft trägt das geistige Streben des Menschen in die alte Ordnung fester Strukturen. "Phönix aus der Asche" (7) verwandelt das alte Entwicklungsgesetz des Werdens und Vergehens in seiner höchsten Form (8) in Zeitlosigkeit und/oder Ewigkeit (9). So sorgt die 9 für stets zeitgemäße Strukturen.

Ein Mensch, der loslassen kann. Das Alte, die Tradition sind nur interessant, weil man sie ja schließlich auch verändern kann. Er verkörpert die Kraft der Erneuerung, hält nichts und niemanden auf Dauer fest und ist ständig in Bewegung.

Stichworte: Ungeduld, Rastlosigkeit, Dynamik, Rebellion gegen die bestehende Ordnung; der 9-er Typus neigt dazu, alles in Frage zu stellen

Schlüsselwort: Transformation

zugeordneter Planet: Merkur

Oroboros, Schlange der unendlichen
Wiederkehr allen Seins

Persönlichkeitstypus

Einführung

Der Persönlichkeitstypus ist eine Kombination aus der ersten und zweiten Quersumme des Geburtsdatums. Die beiden Zahlen der ersten Quersumme zeigen, welche Anlagen wir besitzen und mit welcher Energie wir sie zur Wirkung bringen. Der gesamte Persönlichkeitstypus ist das Werkzeug, mit dem wir unser Leben gestalten.

In den meisten Fällen ändert sich der Persönlichkeitstypus im Laufe des Lebens nicht mehr. Sein volles Potential steht uns mit Erreichen des Typus zur Verfügung. Wir erreichen unseren Typus, wenn wir das Alter haben, das in der ersten Quersumme unseres Geburtsdatums angezeigt ist. In unserem Beispiel: 15.3.1942 = 25 = 7 demnach mit 25 Jahren.

Das ändert sich, wenn die 0 ins Spiel kommt: dann ändert sich der Persönlichkeitstypus im Laufe des Lebens ein oder mehrere Male. Das geschieht in folgenden Fällen: 1.) Wenn im Geburtsdatum eine 0 erscheint; 2.) wenn der Grundtypus 0 ist; und 3.) wenn in der Quersumme I eine 0 erscheint.

Wandlungstypen

Alles wandelt sich, so auch der Mensch. In der hermetischen Numerologie gibt es verschiedene Wandlungstypen, das sind Menschen, die im Laufe ihres Lebens ein oder mehrere Male ihren Typus ändern.

Den Nullen wird zwar bei der Addition des Geburtsdatums kein Wert beigemessen, sie werden bei der weiteren Betrachtung jedoch gesondert berücksichtigt.

Natürlich arbeitet auch die hermetische Numerologie mit der Quersumme des Geburtsdatums und folgt damit einem alten numerologischen Gesetz. Man addiert nacheinander alle natürlichen Kardinalzahlen, bis die Quersumme errechnet ist. Wir haben sie als Quersumme I bezeichnet. Diese reduziert man durch weitere Quersummenbildung auf die Grundschwingung, die wir als Quersumme II oder **Grundtypus** bezeichnet haben.

Beispiel: Geburtsdatum 14. 3. 1947

Numerologische Addition: $1 + 4 + 3 + 1 + 9 + 4 + 7 = 29$
In einem weiteren Schritt werden die natürlichen Kardinalzahlen der Quersumme miteinander addiert, so daß wir über die Additionen $2 + 9 = 11$ und $1 + 1 = 2$, schließlich die Zahl der Grundschwingung oder des Grundtypus bekommen.

Erhalten wir bei Quersumme I eine 10, kämen wir in Quersumme II auf die 1, was nach unserem System nicht sein darf, und so ordnen wir die Quersumme 10 nicht dem Grundtypus 1, sondern dem Grundtypus 0 zu. Der Grundtypus 1 ist dem Individuum aus guten Gründen verwehrt, denn die 1 repräsentiert ja gerade den Ursprung allen Seins, ja das Göttliche. Dies kann der Mensch mit seinem kleinen Ich nicht selbst darstellen. Er kann sich nur in evolutionären Schritten darauf zubewegen. Die Null hingegen darf er repräsentieren, sie charakterisiert verschiedene Arten von Wandlungstypen.

Wandlungstyp A

Dieser Wandlungstypus hat in seinem Geburtsdatum eine oder mehrere Nullen. Diese bewirken, daß er sich alle 10 Jahre in den nächstfolgenden Grundtypus wandelt, und zwar so lange, bis wir die Quersumme $10 = 0$ erhalten.

Beispiel:

26. 10. 1943

Quersumme I = 26

Quersumme II = 8 $(2 + 6 = 8)$

Dieser Mensch ist, wie von der Quersumme II vorgegeben, durch den Grundtypus 8 gekennzeichnet. Bis er den Grundtypus 0 erreicht, muß er sich wandeln. Wann und wie, das ist nun die Frage. Wie wir festgestellt haben, kommt es alle zehn Jahre zu einer Transformation, bis aus dem ursprünglichen Grundtypus 8 der Grundtypus 0 geworden ist. Zu diesem Zweck addieren wir die 10 zur ursprünglichen Quersumme I = 26, bis wir auf eine Quersumme II = 10 = 0 kommen. Für den Grundtypus unseres Beispiels bedeutet das:

8 aus Quersumme 26 (8-er Typus im 26. Lebensjahr erreicht)
9 aus Quersumme 36 (9-er Typus im 36. Lebensjahr erreicht)
0 aus Quersumme 46 (Schlußtypus, im 46. Lebensjahr erreicht)

Mit der Kardinalzahl des Grundtypus wandelt sich automatisch die Zahlenkombination für den Persönlichkeitstypus, in unserem Beispiel von 8/26 über 9/36 zu 0/46.

Wandlungstyp B

Dieser Wandlungstyp kommt über die Quersumme II = 10 zum Grundtypus 0.

Beispiel :
24. 4. 1926
Quersumme I = 28
Quersumme II = 10 = 0

Der Wandlungstyp B wandelt sich nur einmal, und zwar vom Grundtypus 0 in den Grundtypus 2, wobei der Zeitpunkt von der Zusammensetzung der Quersumme I abhängt. In unserem Beispiel ist es die 28. Zu ihr zählen wir 10 Jahre hinzu und erhalten den Zeitpunkt der Wandlung in den Grundtypus 2.

0 aus Quersumme 28 (0-er Typus im 28. Lebensjahr erreicht)
2 aus Quersumme 38 (2-er Typus im 38. Lebensjahr erreicht)

Der Wandlung des Grundtypus entsprechend, wandelt sich auch der Persönlichkeitstypus.

Wandlungstyp C

Dieser Wandlungstyp hat in Quersumme I seines Geburtsdatums
eine 0.

Beispiel:

14. 3. 1966

Quersumme I = 30

Quersumme II = 3

Wie Wandlungstyp B wandelt auch Wandlungstyp C seinen
Grundtypus im Leben nur einmal. Wann, darüber entscheidet die
Quersumme I, zu der man 10 Jahre addiert. Also:

3 aus Quersumme 30 (3-er Typus im 30. Lebensjahr erreicht)

4 aus Quersumme 40 (4-er Typus im 40. Lebensjahr erreicht)

Für den Persönlichkeitstypus siehe Beispiel B.

Doppelte Wandlungstypen

Wie wir gesehen haben bekommt Wandlungstyp A alle 10 Jahre
ein neues Numeroskop. Bei den Wandlungstypen B und C findet
nur einmal nach 10 Jahren eine Wandlung zum nächsthöheren
Grundtypus statt. Was geschieht nun, falls ein Geburtsdatum die
Anlagen zu mehr als einem Wandlungstypus in sich beschließt?

Mischfälle von den Wandlungstypen A und B oder A und C
ergeben immer die Wandlungsstruktur A.

Beispiel:

27. 9. 1920

Quersumme I = 30

Quersumme II = 3

Das bedeutet: bei diesem Menschen, der die Wandlungstypen
A und C in sich vereinigt, kehrt sich im 30. Lebensjahr der
Grundtypus 3 in den Grundtypus 4; im 40. Lebensjahr der Grundtypus 4 in den Grundtypus 5; im 50. Lebensjahr der Grundtypus 5
in den Grundtypus 6 usw., bis er den Grundtypus 0 erreicht. Dabei
verändert sich natürlich auch die Zahlenkombination für den

Persönlichkeitstypus. Das heißt: bis zum 30. Lebensjahr gilt der Persönlichkeitstypus 3/30, bis zu zum 40. Lebensjahr der Persönlichkeitstypus 4/40 und so weiter. Die gleiche Regel gilt auch für eine Verbindung zwischen den Wandlungstypen A und B.

Der einfache Wandlungstyp (Typ B und /oder Typ C) drückt in seinem Leben die Schwingungsqualität von zwei Grundtypen aus. Diese Regel gilt auch für das später vorzustellende Partner-Numeroskop. Der mehrfache Wandlungstyp (Typ A oder der Mischwandlungstyp aus A und B oder A und C) durchläuft alle 10 Jahre einen neuen numerologischen Energiezyklus mit den entsprechenden zugeordneten Lebensthemen. Im Idealfall kommt es zu echten energetischen Transformationen. Voraussetzung dafür ist jedoch, daß die Themen und Aufgabenstellungen des Ausgangstypus integriert und gelöst wurden. Ist dies nicht oder nur teilweise geschehen, so trüben die unbewältigten Aufgaben die neuen Bewußtseinsenergien. Rechnerisch allein läßt sich ein Typus natürlich nicht vollenden. Untersuchen wir die Chancen mehrfacher Wandlung und die sie durchkreuzenden Faktoren nochmals an einem konkreten Beispiel:

Beispiel:

12. 10. 1947

Quersumme I = 25

Quersumme II = 7

Im Idealfall würde dieser Mensch sich zwischen seiner Geburt und seinem 55. Lebensjahr vom Grundtypus 7 zum Grundtypus 0 weiterentwickeln und dabei die Persönlichkeitstypen 7/25, 8/35, 9/45 und 0/55 verkörpern. Bruchlose Übergänge und unbehinderte Entwicklungen sind allerdings eher die Ausnahme. Das bedeutet: *bewältigt dieser Mensch nicht die Lernaufgaben des Grundtypus 7, kann er zur 8 nicht weiterschreiten.* Die praktische Erfahrung in der persönlichen Beratung und bei numerologischer Gruppenarbeit zeigt im allgemeinen, daß bei einer solchen Stockung die Bewußtseinsinhalte des neuen Typus über die Umwelt passiv erlebt werden, denn eine aktive Gestaltung seiner Energien ist noch nicht möglich. Infolgedessen wird der 7-er Typus im Alter von 46 Jahren zwar mit den Themen des Persönlichkeitstypus 9/45 konfrontiert, aber er kann sie nicht wirklich verkörpern und auch nicht in seine Persönlichkeit integrieren. Seine Entwicklung gerät ins Stocken und beschränkt sich vielleicht auf das Wiederholen und Ausagieren alter Erfahrungsmuster.

Hinweis: Persönlichkeitstypen, die aus einer Quersumme von mehr als 48 resultieren, sind aufgrund eines Geburtsdatums natürlich nicht möglich. Allerdings kommt es bei dem Wandlungstyp A oder Mischtypen aus A + B oder A + C bis zur Schlußwandlung zum Nuller-Typus alle 10 Jahre zu einer Typuserhöhung um 10. Deshalb gibt es auch Persönlichkeitstypen wie beispielsweise 7/52 oder 6/51 usw. Unter den Persönlichkeitstypen finden wir auch nur diejenigen beschrieben, die in jahrzehntelanger Praxis bisher tatsächlich vorgekommen sind.

Persönlichkeitstypus-Beschreibungen

Diese Beschreibungen zeigen die für einen Persönlichkeitsypus charakteristischen Tendenzen auf. Es wird geschildert, wie er die in den verschiedenen Lebensbereichen gestellten Themen meistert oder, wie diese im Sinne passiv erfahrbarer Lebensumstände zyklisch an ihn herangetragen werden.

Die Energiequalität des Persönlichkeitstypus zeigt die Art und Weise unseres Vorgehens - und damit, wie wir unser Schicksal bewältigen.

TYPUS 0/19
Pluto-Merkur Konjunktion

Ein nach Ganzheit und völliger Unabhängigkeit strebender, frühentwickelter Mensch.

Eine lebhafte und bewegliche Persönlichkeit, die durch ihr ungeheuer anpassungsfähiges und gewandtes Wesen schnell Kontakte findet, insbesondere durch aufnahmefähigen Intellekt, kritische Beobachtungsgabe und logischesDenken.

Sein selbstbewußtes Auftreten wird durch rhetorische Fähigkeiten unterstützt.

Um Einblick in die komplizierten Zusammenhänge der menschlichen Psyche bemüht, versteht es dieser Typ, zwischenmenschliche Beziehungen zu verstehen, indem er Fakten und persönliche Erfahrung geschickt kombiniert.

Sein Fühlen ist auf die jeweilige Situation abgestimmt und nicht unbedingt verbindlich. Emotional engagiert man sich immer dann, wenn neues Wissen erworben und psychische Fähigkeiten erweitert werden können. Die Gefühle selbst bleiben eher im Hintergrund.

Neue Formen des Zusammenlebens unterstützen das künstlerische Interesse dieses 0-er Typus, denn sie garantieren scheinbar seinen Freiheitsdrang und seine Unstetigkeit.

Die Beziehungen zu anderen Menschen sind meist unkonventionell, da dieser 0-er Typus früh unangenehme Erfahrungen der Unehrlichkeit und Unaufrichtigkeit durch seine Umwelt erfährt. Von seinen Partnern verlangt man meist ungewöhnlich viel Rücksicht und Verständnis, die man selbst nicht unbedingt erwidern wird. Geben, ist seine Stärke nicht.

Beruflich begabt ist man für Kommunikation, Schreiben, Handel und alle Berufe, die viele Reisen mit sich bringen. Im Beruf sollte also die immerwährend koordinierende und gleichzeitig vermittelnde Grundenergie dieses Persönlichkeitstypus ausgelebt werden. Ferner sollte der Beruf gewährleisten, daß man in der

Zukunft über das konventionellen Lebensmilieu hinauswachsen kann.

Wer aber mit seinem ausgeprägten Willen die eigene und die Persönlichkeit anderer Menschen durchleuchten möchte, läuft Gefahr, nie in die eigene Tiefe vorzustoßen (Pluto 1 - Merkur 9).

TYPUS 0/28
Neptun-Venus Konjunktion

Starker Denktypus, welcher das Schöne, Wahre und Auserlesene zu verwirklichen sucht. Die eigene Anziehungskraft wirkt auf das andere Geschlecht.

Dieser weibliche Typus läßt sich von kulturellen Anlässen und aktuellen Trends anregen. Das Wunschdenken ist überbetont, Verpflichtungen werden nicht immer erfüllt, eine gewisse Labilität untergräbt das Durchsetzungsvermögen. Praktische Belange rücken dadurch in den Hintergrund.

Gefühlsmäßig läßt man sich leicht erregen, deswegen zu leidenschaftlicher Phantasie neigend. Der Mond als Herrscher dieses Typus wird in seiner unkonditionierten Emotionalität durch das Wunschdenken von Neptun - Venus verstärkt. Deswegen unterliegt der wenig beständige Wille sentimentalen Eindrücken und Stimmungen der Unzufriedenheit, was sich auch die Beziehungsfähigkeit dieses Menschen auswirkt. Bestehende Beziehungen werden abgebrochen, zudem erschwert die ewige Sehnsucht nach dem Idealpartner das Eingehen einer traditionellen Bindung.

Leidenschaftliche, von unbestimmten Sehnsüchten geprägte Bekanntschaften sind für den spirituellen und beruflichen Weg über einen längeren Zeitraum hinderlich.

Dieser Typ erhält nach der nächsten Wandlung (von 0/28 zu 2/38) zum 2-er Grundtypus den notwendigen Gegenpol zu seiner weichen Mondvibration, weil der 2-er - Typus auf der Quersumme

38 (Polarität maskulin / feminin) beruht. Dann entsteht ein Gleichgewicht von Idee und Phantasie (8) einerseits und Handlungsimpuls und konkreter Durchsetzungsfähigkeit (3) andererseits, denn
die energetische Polarität des Grundtypus verlagert sich von 2 und
8 (Neptun - Venus) zur Achse 3 und 8.

In beruflicher Hinsicht findet dieser Typus nach dem 38.
Lebensjahr seinen Weg.

Musik, Kunst, Reisen welche in Verbindung mit Wasser stehen,
auch mythologische Reisen mit spirituellem Hintergrund üben
einen Starken Reiz auf diesen Typ aus. Wo es sich zwanglos und
ohne starre Bindung leben läßt, dort fühlt man sich wohl.

TYPUS 0/37
Uranus-Sonne Konjunktion

Sehr kreative Grundschwingung, freiheitsliebend und oft unter
Zeitdruck, da viele Ideen für praktische Verbesserungen im tech-
nischen und oder spirituellen Bereich "erfunden" werden. Willens-
betonter, stark vitaler Typ .

Führungsqualitäten paaren sich mit hohen, ehrgeizigen Zielen.
Erlösungsvorstellungen für die Menschheit äußern sich im persönlichen Leben als unkonventioneller Stil und ein "Nicht-Anpassen-
Wollen" an die Gesellschaft. Man möchte seine Umgebung verändern, wo immer dies mit reformerischen und/oder humanistischen
und spirituellen Idealen möglich ist.

Die beruflichen Ziele verändern sich etwa alle 4 - 5 Jahre, und
zwischenmenschliche Bindungen werden oft als eine Mischung
aus beruflicher und privater Beziehung verstanden, wobei dieser
Mensch selten zwischen Beziehung, Freundschaft und intimer
Bindung unterscheidet. Meist ist ein starker Vater im Hintergrund
gewesen.

Die Lebensaufgabe dieser Konstellation besteht darin, die in
ihr repräsentierte gewaltige spirituelle Energie zu kanalisieren und

in sinnvolle Projekte einfließen zu lassen, die der Allgemeinheit zugute kommen. Nach der nächsten Wandlung zum Persönlichkeitstypus 2/47 lernt man den richtigen Umgang mit der Zeit (4-er Saturn-Chronos Prinzip) und gewinnt die zur Durchsetzung seiner Ziele notwendige Kraft der 6. Ab dem 47. Lebensjahr ist das "Abgehobensein" der geistigen und reformerischen Ideale mit dem Boden der Materie verwurzelt (Der 2-er Grundtypus verbindet sich mit den Kräften der Zahlen 4 und 7).

Vor allem aber muß man lernen, nicht den eigenen Vorstellungen zum Opfer zu fallen.

Ein Partner mit genügender Erdung (4-er oder 6-er Grundtypus) kann auf der Privatebene frühzeitig den Ausgleich für dieses oft auf Hochspannung stehende Nervensystem geben. Förderlich ist ein Gleichgewicht zwischen Opferbereitschaft für hohe, menschliche Ideale und der zur Regeneration erschöpfter Kräfte wichtigen Zurückgezogenheit.

TYPUS 0/46
Saturn-Mars Konjunktion

Besitzt die Fähigkeit, andere intuitiv richtig einzuschätzen, und darüber hinaus reiche Erfahrung und Menschenkenntnis, die meist im Beruf oder für den Beruf erworben wurde. Ein mit rascher Auffassungsgabe gesegneter Mensch, der schnell sieht und merkt, was sich in seiner Umwelt abspielt.

Bis zum 46. Lebensjahr ist sein Leben von logischen Entschlüssen geprägt, einer gewissermaßen technokratischen Lebensphilosophie, aber das reichlich chaotische Gefühlsleben wirbelt diese Ordnung immer wieder durcheinander.

Nach außen hin vorbildlich und beharrlich strebend, ringt man in seinem/ihren Inneren geradezu mimosenhaft um die Anerkennung des Vaters; sucht feste Bindungen und wird früh versuchen, eine solche einzugehen.

Man kämpft unbewußt solange mit sich selbst, bis erkannt und integriert worden ist, daß selbst die subtilste äußere Macht- und/oder Gewaltanwendung das Gesetz von Ursache und Wirkung in Gang bringt. Soziale und reformerische Ideale werden, ähnlich vom Persönlichkeitstypus 0/37, mit großer Vorstellungskraft angepackt und verwirklicht.

Diesen Persönlichkeitsprozessen entspricht auf der feinstofflichen Ebene das 3. Chakra, wo sich Wille und Gefühl gegenüberstehen und um Integration ringen.

Man setzt sich im Beruf bis zur eigenen Leistungsgrenze und auf die Gefahr der eigenen Gesundheit ein, vor allem wenn es um die technische Beherrschung von Stein und/oder Metallen geht. Irgendwann wird ihm/ihr jede Herausforderung zum Normalfall, und sei sie noch so groß.

Ab dem 51. Lebensjahr macht man innen und außen eine einschneidende Wandlung durch, denn man hat erkannt, daß Lob und Anerkennung vergängliche Werte sind. Jetzt entstehen kollegiale und freundschaftliche Bindungen.

Ab Mitte Vierzig kann es zu Entzündungen in Gelenken und Gliedmaßen und Rheumakrankheiten kommen.

TYPUS 0/55
Jupiter-Jupiter Konjunktion

Spätentwickler vor allem in beruflicher Hinsicht. Ein Mensch, der den Idealen seiner Generation zu schwärmerisch und zu lange nachhängt und sie zu seinem Lebensinhalt macht.

Meist handelt es sich hier um Kompensationskünstler, die schon früh (vielleicht zu früh) Verantwortung übernehmen mußten. Die Erfüllung der einer größeren Gemeinschaft geschuldeten Pflicht stand im Vordergrund.

Man ist stets verbindlich und äußerst vertrauenswürdig, weil schon fast extrem verantwortungsbewußt. Gutes Verhandlungsgeschick, geschäftlich tüchtig und begabt. Dieser Mensch kann die widersprüchlichsten Dinge organisatorisch unter einen Hut bringen, gleichzeitig Oldtimer und japanische Luxuslimousinen verkaufen und obendrein vielleicht auch noch Steine vom Mond ausstellen.

Für den Beruf ist zu bedenken, daß dieser Mensch ungewöhnlich schnell dazulernt und darüber hinaus wirtschaftlich und strategisch-expansiv denken kann. Interessant für ihn sind: Bank und Börse, aber auch das Versicherungswesen.

Bis zum 35. Lebensjahr gilt die Liebe meist einem Elternteil oder einem geeigneten Ersatz, auf den sich ähnliche Gefühle projizieren lassen (Guru, politisches Vorbild usw.). Obwohl von anderen im allgemeinen liebevoll und warmherzig behandelt, kann man diese emotionale Wärme selten vollkommen erwidern, höchstens bei seinen Kindern, denn man ist ein/e äußerst liebevoller/e Vater / Mutter, der an seinen Sprößlingen die größte Freude hat.

Die Lebensaufgabe besteht in der Aneignung sozialer, ökologischer und philosophischer Denk- und Wirklichkeitsmodelle, um sie der Gesellschaft näherzubringen (Schütze-Ideal).

Stark abhängig von dieser Entwicklung ist das Thema der Jahrgangsqualitäten, da dieser Typus nur einmal zum nächsthöheren Typus (2 / 38) wandeln wird, so daß ein gefühlsmäßiges (0) expandieren (2 x 5 = Quersumme) zur wahren Einfühlungsgabe wird und das höhere Ideal von Bildung, Kultur und Kunst realisiert werden kann.

TYPUS 2/11
Pluto-Pluto Konjunktion

Eine ausgeprägte Denkerpersönlichkeit, die sich mit reformerischen und religiösen Idealen beschäftigt. Im Vordergrund des
Interesses stehen Themen wie: Grenzerfahrungen, Reinkarnation,
Leben nach dem Tode, Sexualität als Lebenselixier usw. Egozen-
trische Betonung der eigenen Ideenwelt. Tendenz zur Unnachgie-
bigkeit im zwischenmenschlichen Bereich. Verstößt gern gegen
traditionelle Denkmuster und setzt seinen Willen durch, wo immer
es geht. Falls das Geburtsdatum mehr als eine 1 aufweist, ist man
vielleicht ein ausgesprochener Exzentriker und/oder Einzelgän-
ger, vor allem wenn diese Einsen im Numeroskop schlecht aspektiert sind (zum Beispiel mit einem Quadrat), oder wenn ein
bedeutendes Zahlenprinzip (und damit sein gesundes Gegengewicht), wie etwa die 6, ganz fehlt

Das Selbstbild ist geprägt von einem starken Freiheitsdrang.
Dieser Mensch braucht im Grunde eine freiberufliche Tätigkeit,
weil man gern unterwegs ist und neue Kontakte knüpft. Trotz
genau bemessener Mittel, schätzt man einen großzügigen Lebensstil.

Man entwickelt sich am besten über Freundschaften mit anderen, die ihn zu einer reifen, verantwortungsvollen Persönlichkeit
machen. Die notwendige karmische Lektion, die absolute Wahrheit im Leben zu finden, reflektiert den 2-er Typus am besten. Die
Schlüsselerfahrung wird auf der partnerschaftlichen Ebene das
"Stirb und Werde - Prinzip" sein, d. h. jede beendete Beziehung
wird ähnlich einem emotionellen Tod empfunden, da dieser Typus
wenig Freunde haben wird.

TYPUS 2/20
Neptun-Mond Konjunktion

Stark intuitiv veranlagter Mensch, voller Ideen und sehr tiefem Gefühl (Mond). Man erlebt einen Widerspruch zwischen Intuition und Gefühl und weiß nie genau, worauf man sich verlassen soll.

Das Hauptthema dieses Lebens ist die Fürsorge für die nächsten Angehörigen und Freunde. Das Private und Persönliche steht im Vordergrund. Man möchte mit feinem intuitiven Spürsinn der Gemeinschaft dienen. Dabei sollte man darauf achten, sich nicht von der Umwelt abhängig zu machen, denn dies ist auch sein Weg Intuition und Gefühl miteinander zu versöhnen. Da diese Konstellation auf einen äußerst sensiblen Menschen hinweist, reagiert man entsprechend feinfühlig auf die Umwelt. Das Einfühlungsvermögen kann soweit gehen, daß Probleme und Schmerzen anderer als die eigenen Schmerzen und Probleme empfunden werden.

Man könnte bildlich von einer Präzisionswaage sprechen, welche die kleinsten Dinge schon im voraus spürt und anzeigt. Ideal ist es, die Anima-Seite des sich Öffnens und Vertrauens mit einem Menschen zu teilen. Die gleichzeitig gute Urteilskraft ermöglicht viele gute Erfahrungen im zwischenmenschlichen Bereich. Spiritualität ist ein natürlicher Bestandteil, auch die Ernährung wird sorgfältig ausgewählt.

Ein sehr femininer, eher mütterlicher Typ, welcher Gesellschaft von Menschen benötigt und auch bekommt. Ausgeprägter Gerechtigkeitssinn mit einem Auge für alltägliche Probleme machen Berufe wie Richter, Rechtsanwalt oder Sachverständiger interessant.

Liebe, Fürsorge und allumfassende Gerechtigkeit - das sind die Grundmotive dieses Daseins

TYPUS 2/29
Neptun-Merkur Konjunktion

Ein sehr beweglicher Geist, welcher frühzeitig geistige Strömungen vorausahnt und ständig auf Empfang (Neptun) steht. Er ähnelt dem unter 2/20 beschriebenen Menschen, verfügt jedoch nicht über dieselbe Gefühlstiefe.

Dieser Geist reagiert so fix wie eine Nachrichtenredaktion und verarbeitet seine Informationen computer-schnell.

Unter dem Einfluß der Neptun-Merkur Konjunktion zeigt man sich für allen neuen geistigen Trends aufgeschlossen, die jedoch selten oder nie wirklich bleibend ins Bewußtsein integriert werden, und wenn, dann allenfalls in Bruchstücken und Ausschnitten. Das Neptunische der 2 offenbart sich hier in der Suche nach wahrer Spiritualität, während die merkurische 9 auf Kommunikationsfreude und Offenheit verweist. Im Idealfall vereint dieser Mensch rational-lineares mit kreativ-assoziativem Denken und der entsprechenden Portion Phantasie. Bei negativer Besetzung kann dieselbe Konstellation allerdings auch auf verschwommene, nicht logisch nachvollziehbare Vorstellungen deuten, vor allem, wenn im Numeroskop der Saturn-Aspekt der 4 und der Mars-Aspekt der 6 und damit Beharrungsvermögen und Antriebskraft fehlen.

Bis eine gewisse Selbständigkeit erreicht ist, wird der Beruf die Gesundheit in Mitleidenschaft ziehen. Ratsam ist, dem eigenen Interesse am Übersinnlichen und Okkulten in aller Ruhe nachzugehen. Nur nichts überstürzen, und es auch nicht übertreiben! Im Beruf sollte man am besten eine schriftstellerische, pädagogische oder soziale Richtung verfolgen.

Bis zur vollen Ausformung des Persönlichkeitstypus im 29. Lebensjahr ist eine sanguinische Natur zu erwarten und infolgedessen eine gewisse Anfälligkeit des Nervensystems.

Es ist möglich, daß dieser 2-er Typus mit machtbetonten Menschen zusammentrifft, die unbewußt eine Resonanz zu dem nicht integrierten eigenen Machtthema haben. Diese Macht - und

Dominanzverhältnisse zeugen von einer starken Elternbindung und später dem Gefühl, es vielen Menschen recht machen zu wollen.

TYPUS 2/38
Uranus-Venus Konjunktion

Um ein wirklich rundes Bild dieses Persönlichkeitstypus zu bekommen, bitte auch Eintrag unter 0/28 lesen.

Frühkindliche Störungen durch einen Elternteil sind vorprogrammiert. Später häufig wechselnde Geschlechtspartner, ob in der Wirklichkeit oder nur in der Vorstellung hängt von verschiedenen Faktoren ab. Diese Begegnungen führen aber selten zu einer tieferen und befreienden Auseinandersetzung mit dem anderen (dem von der 8 repräsentierten Du-Punkt). Das Denken (2) kreist immer wieder um ein Thema: Anima (8) und Animus (3). Konflikte mit dem Vater oder der Mutter oder/und dem Partner oder der Partnerin ziehen sich wie ein roter Faden durch das Leben dieses Menschen. In diesen Konflikten wird ein tiefsitzendes Problem symbolisch ausagiert.

Die der Konstellation innewohnende Spannung zeigt sich überdies in der Neigung, fundierte Überlegungen und rational begründete Entscheidungen (3), aus einer emotionalen Laune heraus (8) blitzartig über den Haufen zu werfen. Hat man es endlich geschafft, Gefühl und Ratio harmonisch zu integrieren, wird dieser Mensch auf jeden Fall geschlechsspezifisches Rollenverhalten mit einer sehr freien, souveränen Einstellung vertauschen.

Aber diese Integration ist für ihn ein ständiger Stolperstein. Immer wieder und unter immer neuen Aspekten wird versucht, innere Erlebniswelt und äußere Realität auf einen Nenner zu bringen. Die Folge sind permanente Spannung und Reibung, da der andere nie so genau weiß, wie dieser Mensch sich die idealisierte Spontaneität im zwischenmenschlichen Bereich überhaupt vorstellt: entweder man stellt sich übertrieben männlich, fast macho-haft dar oder das Weibliche wird fast bis zur Karikatur überzogen. Aber es gibt noch einen weiteren Grund für das unstete Liebesle-ben: die Verwechslung von Liebe und Freundschaft, die dieser Mensch einfach nicht unterscheiden kann.

Der Weg zur Bewältigung der persönlichkeitsbedingten Pro-bleme führt über die vertrauensvolle Hingabe an einen anderen Menschen. Echte Liebe wird das Problem vieler unechter Lieben einlösen und damit den im Verhältnis zu den Eltern angelegten Grundkonflikt auflösen.

Geeignet ist ein Beruf, der im weitesten Sinn mit der Erfor-schung der menschlichen Psyche zu tun hat, ferner eine Beschäf-tigung, die die Schöpfung in Wort und Bild darstellend würdigt. Eines Tages jedoch wird Partnerschaftsberatung der ideale Beruf sein.

TYPUS 2/47
Sonne-Saturn Konjunktion

Man denkt zielgerichtet, trägt "den Kopf im Himmel, die Füße auf der Erde". Ein Praktiker und Realist, der nicht nur planvoll denkt, sondern auch planvoll und konsequent vorgeht. Außerdem ein Motivationskünstler, fühlt sich wohl in Unternehmensberatung, Marketing und Werbung.

Mit viel Selbstdisziplin steuert man den materiellen Erfolg an, den man auch über zwischenmenschliche Beziehungen zu mehren sucht. Man ist dem Körperlichen verhaftet, das auf der Ebene des Denkens durch ausgeprägte Egozentrik zum Ausdruck kommt und in dem dauernden Streben, sich gesellschaftlich und finanziell zu verbessern. Der die Entfaltung der Persönlichkeit hemmende Einfluß des Vaters kann später in einen geradezu zwanghaften Antrieb umschlagen, es endlich zu schaffen und etwas aus sich zu machen.

Die 2 des Grundtypus mag auf schöpferische Begabung deuten, auf den einfühlsamen Umgang mit Farben und Formen, wie sie in der Mode wie in jeder Art von Designer- und künstlerisch gestaltenden Tätigkeit verlangt werden. Auch die Architektur bietet ein geeignetes Feld zur Einbringung der beträchtlichen Talente dieses Persönlichkeitstypus, der einen kreativen Impuls logisch konsequent umzusetzen versteht. Der geborene "Erfinder" im weitesten Sinne des Wortes.

Karrieredenken und ausgeprägtes Formgefühl repräsentieren jedoch nicht den ganzen Persönlichkeitstypus. Man verfügt darüber hinaus für ein gutes Gespür für andere Menschen. Teamarbeit stellt kein Problem dar. Seine menschliche Wärme wird man vielleicht in der Pflege eines nahestehenden älteren Menschen ausleben.

Prägend ist jedoch das in jeder Beziehung ausgeprägte Selbstvertrauen.

TYPUS 2/56
Jupiter-Mars Konjunktion

Diese Konstellation repräsentiert Beziehungsfähigkeit: die Fähigkeit, über Begegnung und Kontakt mit anderen Menschen viel für sich und das Leben zu gewinnen. Sie steht ferner für die Intimität einer Beziehung. Unter ihrem Einfluß bildet man gern den Mittelpunkt einer Gesellschaft. Man liebt es, für andere interessant zu sein. An der Kraft zur Selbstbehauptung mangelt es nicht. Später Erfolg und späte Selbständigkeit lösen eine Phase harter Prüfungen durch emotionale Schwierigkeiten ab, die bis zu echter Gemütskrankheit führen können.

Aus falschverstandener Anpassung an die Forderungen der Gesellschaft lernt man schließlich, wie sich eine echte und authentische Beziehung zu den meisten Menschen herstellen läßt.

Die expansive Kraft der 5 (Jupiter) wird sich durch die sexuell-erotische Motorik der 6 (Mars) beruflich am besten in Mode, Kunst, Architektur und Stadtplanung oder einem ähnlichen Betätigungsfeld entfalten und erfüllen.

Dieses arbeitsreiche und wahrscheinlich erfüllte Leben kennzeichnet einen offenherzigen Menschen, der das genaue Gegenteil des Persönlichkeitstypus 2/11 und seiner weitgehenden Isolierung darstellt. Vielleicht wird er/sie sich in den Dienst einer spirituellen Gemeinschaft stellen, um der Menschheit seinen Sinn für die inneren Werte zu vermitteln, die ihm/ihr besonders am Herzen liegen.

TYPUS 3/12
Pluto-Neptun Konjunktion

Stark ausgeprägte geistige Fähigkeiten mit schöpferischen Qualitäten.

Es besteht die Neigung, sich zu isolieren, denn die Zahlenkombination (3-1-2) dieser eher phlegmatischen Natur entspricht dem ersten Quadranten des Numeroskops, der den mentalen Bereich der geistigen Verursachung repräsentiert. Ein überpersönliches Streben nach Erkenntnis der gesetzmäßige und größeren Zusammenhänge zeigt, wo die berufliche Begabung liegt. Wissenschaftliches und analytisches Arbeiten stellt für diesen Menschen kein Problem dar.

Man hat für Gefühle und Leidenschaften nicht viel übrig. Bei neuen Begegnungen verhält sich dieser besondere 3-er Grundtypus zurückhaltend. Außerdem werden solche Begegnungen nicht einmal gesucht. Dieser Mensch kann sowohl logisch denken als unmittelbar und scheinbar "irrational" erfassen, und dies führt manchmal zu einer wechselseitigen Blockierung dieser Fähigkeiten. Infolgedessen ist der Willensimpuls der 3 gehemmt und wird nach innen geleitet. Man zögert und zweifelt und muß zunächst begreifen, daß die höfliche Anpassung an Umwelt und Mitmenschen nicht gleichbedeutend mit einem bedingungslosen "Ja" zu allem und jedem ist. Hemmungen und Zweifel sind hier zumeist erziehungsbedingt, denn die Eltern waren wahrscheinlich konventionell bis konservativ eingestellt. Dieser Mensch benutzt sein Elternhaus als Projektionsfläche, hinter der man sein wahres Ich verstecken kann, auch wenn man selbst danach strebt sich den äußeren Normen anzupassen und in ihrem Rahmen zu funktionieren.

Beziehungen entstehen aus dem Gefühl heraus, und das Gefühl ist die Grundlage für ihren Bestand. In echter Gefühlsbeziehung lebt man mit sich selbst im Einklang. Diese Verbindungen sind oft auch religiöser Natur, weil das Eingebundensein in ein Kollektiv, wie es in einer religiösen Gemeinschaft ja üblich ist, den traditionellen Werten und Vorstellungen des Elternhauses entspricht. Diese werden unbewußt immer wieder gesucht.

Ein Mensch mit großem Einfühlungsvermögen. Weil er sich selten aus den übernommenen Grenzen lösen wird und sich sehr häufig zu sehr den Forderungen der Umwelt und seiner Mitmenschen unterwirft, leidet er häufig stellvertretend für andere, das heißt: man macht ihre Probleme zu seinen eigenen und quält sich damit.

Die Tür zur spirituellen Erfahrung steht offen, da Introversion und Rückzug aus der Welt bereits wesensmäßig in ihm/ihr angelegt sind. Trotzdem zeichnet sich dieses Leben durch ein grundlegendes Ungleichgewicht aus, denn das transzendente Bewußtsein auf der einen und die starke Gehemmtheit auf der anderen Seite verwischen die Konturen und lassen die Persönlichkeit diffus erscheinen. Demut ist hier der einzig wirksame Motor der Entwicklung, sie wird schließlich einen freien Fluß der Kräfte ermöglichen - von der persönlichen Erfahrung zu transzendenten Auflösung.

TYPUS 3/21
Neptun-Pluto Konjunktion

Ein Mensch mit Sendungsbewußtsein.

Saubere Umwelt und eine spirituelle Weiterentwicklung der Gesellschaft, das sind seine zwei Hauptanliegen. Gegen traditionsbedingte Verkrustungen und Verhärtungen aufbegehrend, vertritt man mehr oder weniger revolutionäre Ideen und läßt sich die gängigen Verhaltensmodelle nicht aufzwingen. Dabei sind Wollen und Wünschen ganz in den Dienst der Menschen gestellt.

Die Kombination der Zahlen 1, 2 und 3 läßt auf einen scharfen und feinen Geist schließen, der die Probleme und Leiden anderer mit intuitiver Sicherheit wahrnimmt, ja die ganze Konstellation veranschaulicht, wie individuelles Karma in Gruppenkarma integriert werden kann. Kompromißlose Analyse von Sachzusammenhängen und Einsicht in das Gruppenschicksal bringt die "Hochfrequenzen" des Geistpols (1) in das Ringen um eine Neugestaltung der realen Verhältnisse (Zahlengang 3-2-1) ein. Hier paart sich tiefe Empathie mit der Fähigkeit, die Kräfte des Unbewußten sinnvoll einzusetzen. Trotz seiner klar definierten Aufgabe lebt auch dieser Persönlichkeitstypus natürlich nicht ohne innere Spannungen, so wird man häufig zwischen Pflicht und völliger Zerstreutheit hin und her geworfen, auch wenn man seine Ideen im allgemeinen zielstrebig durchsetzt.

Spirituelle und künstlerische Interessen sind vorgegeben. Man wünscht sich einen empfindsamen und feinsinnigen Geschlechts- und Lebenspartner; ein gewisses ästhetisch-künstlerisches Niveau wird dabei vorausgesetzt. Das Lebensthema der Auflösung aller als einengend empfundenen Normen wird auch die Partnerschaft prägen. Im allgemeinen sucht man Lebenspartner, die für dieselben Ideale kämpfen.

Unter dem Einfluß der Pluto-Neptun Konjunktion wird dieser Mensch durch seine Erfolge motiviert, noch mehr und umfassendere Verantwortung zu übernehmen. Man knüpft mühelos neue

Kontakte und geht Beziehungen ein, die jedoch selten lange halten. Die Lust am "Reisen", ist einfach viel zu groß - und immer lockt das noch Außergewöhnlichere, ruft das Unerreichbare. Die ungebrochene, absteigende Reihe (3-2-1) der Quersummenzahlen I und II läßt auf mediale Fähigkeiten schließen. Dieser Mensch hat den "siebenten Sinn".

TYPUS 3/30
Uranus-Mond Konjunktion

Dieser Aspekt verspricht intuitive Begabung, originelle Phantasie und blitzartiges Handeln, wobei das Einfühlungsvermögen alle Lebensbereiche einschließt. Unkonditionierte Mond-Kräfte (0) gehen eine sprunghaft-impulsive Verbindung mit uranischer Hochspannungs-Energie (3) ein, die dem Denken Flügel verleiht. Das mag anregend sein, harmonisches Glück verspricht es nicht, weil Originalität auch eigenbrötlerisch machen und von normalen menschlichem Kontakt ausschließen kann.

Ein ausgeprägtes Gefühlsleben, das ständig neue emotionale Anregung braucht. Den Beziehungen darf der gewisse "Kitzel" des Unerreichbaren nie fehlen. Die emotionale Sprunghaftigkeit behindert die Setzung beruflicher Prioritäten und die Verwirklichung der vorhandenen Handlungsimpulse. Für diesen Menschen vermittelt freiberufliche Tätigkeit das Gefühl der Unabhängigkeit und gibt ihm/ihr das Gefühl, die eigenen Lebensumstände verbessern zu können.

Nachrichten und Satellitentechnik, Projektmanagement im Bereich der Datenverarbeitung, solche und ähnliche Aufgaben würden der raschen Auffassungsgabe und dem fast quecksilberhaften Reaktionsvermögen dieses Menschen entgegenkommen. Damit diese sich auch tatsächlich durchsetzen können, benötigt das Numeroskop die ausgleichenden und fixierenden Energien der Zahlen 4, 5 und/oder 6, um unbestimmtes Wollen im Privat - wie

Berufsleben zu kanalisieren. Das Krafttrigon (5-6-7) sowie die 1-6 Polarität geben den notwendigen Rückhalt, daß aus dem Handlungsimpuls die Tat werden kann.

Der 3/30-Mann sucht zu mehr als nur einer Frau eine Beziehung, die er aber zum Teil wie eine Schwester oder Vertraute empfindet und behandelt. Jede traditionelle Ehe mit starrem Rollenverhalten, wäre die Hölle. Einen bunten Vogel in den Käfig sperren und ihm obendrein das Singen verbieten - unmöglich! Die 3/30- Frau hingegen ist zuverlässig und gibt gern moralischen Rückhalt. Verantwortungsbewußt in Wort und Tat, hat sie einen ausgeprägten Sinn für alles Übersinnliche. Aus diesem Grund sucht gerade sie einen spirituell interessierten und anschmiegsamen Mann.

TYPUS 3/39
Uranus-Merkur Konjunktion

Diese Menschen zeichnen sich durch ein fotografisches Gedächtnis aus, sind körperlich und geistig extrem beweglich. Falls der spirituelle Bezug fehlt, werden sie sich wahrscheinlich sportlich betätigen und mit großem Zeitaufwand im Beruf engangieren. Die extreme Sprunghaftigkeit dieses Wesens braucht seinen Ausgleich im Malen, Schreiben, Dichten und Musizieren, Ausdrucksformen, welche die höheren Dimensionen des Irrationalen sichtbar wiedergeben.

Diese Konstellation ist günstig für Lebensberatung und therapeutische Berufe, die einen klaren und gleichzeitig originellen Verstand erfordern. Häufig kommen diese Menschen blitzartig oder im Schlaf zu ihren Erkenntnissen. Es geschieht nicht selten, daß dieser Typus kaum lernt und kurz vor der Prüfung im Eiltempo den Stoff überfliegt, förmlich fotografiert und kurz danach die Prüfung mit "sehr gut" besteht. Eigentlich der intuitive Typus par excellence.

Um seine Fähigkeiten optimal einsetzen zu können, braucht dieser Mensch eine möglichst umfassende, "runde" Ausbildung, die alle Aspekte der Persönlichkeit formt. Im Beruflichen geht es um Mitteilung und Kommunikation. Liegt eine technische Begabung vor, sucht sie wahrscheinlich in Gebieten wie Mikroelektronik und elektronische Medien den ihr gemäßen Ausdruck. Auch soziale und politische Organisationen finden bei diesem Persönlichkeitstypus Unterstützung.

Im partnerschaftlichen Bereich hat man sehr viel Liebe und Energie zu geben, wird aber nur selten ähnlich großzügig beschenkt. Seine sprühende Originalität und Sprunghaftigkeit machen es keinem Partner leicht, sich in diese schwer faßliche Gedanken- und Gefühlswelt zu versetzen. Ein Mensch, der seine Beziehungen mehr als kameradschaftliches Verhältnis er- und auslebt - sehr zum Entsetzen einiger hartnäckiger Verehrer. Der intellektuelle Austausch jedoch erreicht nicht nur ein hohes Niveau, sondern seelische Tiefe. Geben und Nehmen sind darin gleich verteilt. Da man selten sein Privatleben vom Beruf trennen kann, wird er mehr im Kreis seiner Freunde und Freundinnen leben als in der Familie.

TYPUS 3/48
Saturn-Venus Konjunktion

Ausgeprägte künstlerische Neigung, weil Phantasie und Kunst (Venus und 8) mit Struktur und Materie (Saturn und 4) eine ideale Verbindung eingehen. Diese Grundenergie verleiht den Menschen dieses Persönlichkeitstypus Geduld und Bodenständigkeit. Sie sind zuverlässig, loyal, flexibel und haben einen Sinn für Gerechtigkeit. Das Ich wird meist in den Hintergrund gestellt. 4 und 8 bilden gleichsam die Ebene der Sensibilität, des Unterbewußtseins.

Für die 3/48-Frau spielt der Vater zeitlebens eine wichtige Rolle, wobei man im allgemeinen von einem guten Verhältnis ausgehen darf. Sie ist überdies eine gute Ehefrau und Mutter, liebt ihre Kinder und umsorgt gern die ganze Familie.

Ideal ist ein Beruf, der sich mit den emotionalen und künstlerischen Aspekten der Liebe beschäftigt, wie etwa Körper - und Gesprächstherapie, die die sinnliche Grundstimmung dieses 3-er Typus perfekt ergänzen. In Übereinstimmung mit der Saturn-Venus Konjunktion geht es hier konkret um Massagetechniken, die die feinstofflichen Energien mobilisieren. 4 und Saturn versinnbildlichen unter anderem Zeit und Karma und begünstigen demnach die Fähigkeit andere Menschen dabei zu unterstützen, ihre unterdrückten Gefühle freizusetzen.

Auch alle Klienten oder Patienten "gehören" zu einer großen Familie im übertragenen Sinn. Ab dem 48. Lebensjahr besteht die Neigung sich selbständig zu machen um im schriftstellerischen Bereich tätig zu werden.

TYPUS 4/13
Pluto-Uranus Konjunktion

Dieser Persönlichkeitstypus verkörpert die Wechselwirkung zwischen persönlichem Willen (3) und allumfassendem Schöpfungswillen (1). Seine Grundenergie strebt auf gesellschaftlicher und politischer Ebene unwillkürlich die Zerstörung alter Denk- und Handlungsmuster an, um neue Bewußtseins- und Gesellschaftsstrukturen zu ermöglichen.

Dieser Typus setzt sich für seine private wie berufliche Umwelt mit der entsprechenden geistigen Reife ein, übernimmt dann gern vordergründig Verantwortung um über diesen Weg seine Vorhaben und Ziele zu verwirklichen. Dann mag es dazu kommen, daß hohe geistige Ideale zu ordinären Machtspielchen mißbraucht werden.

Das Privatleben ist geprägt von abenteuerlichen Tendenzen und Überraschungen. Freie Liebe liegt ihm/ihr mehr als Ehe oder andere ausschließliche Verhältnisse. In mehreren, manchmal gleichzeitigen Beziehungen wird versucht, eine Partnerschaft auf hohem Niveau aufzubauen. Dabei legt man Wert auf intellektuelle Brillianz, gesellschaftliche Stellung, kultiviertes Auftreten und selbstverständlich gutes Aussehen. Und darum geht es auch: man möchte eben gut aussehen. Beim spirituell und geistig-seelisch noch unreifen 4/13-Menschen kann dies durchaus berechnenden Charakter besitzen. Ist man etwas gereift, werden diese nicht selten nebeneinander laufenden Freundschaften symbolisch als eine "Familie" verstanden.

In den Beruf wird hohe geistige Konzentration, Ausdauer und Widerstandsfähigkeit eingebracht. Man hat mit Stein oder Metall zu tun, wie etwa in der Schwerindustrie, je nach Numeroskop theoretisch oder praktisch. Andere geeignete Tätigkeitsfelder sind Wissenschaft, Politik oder leitende Berufe im Handwerk.

Durch die enorm praktische Veranlagung interessiert man sich, wenn überhaupt, nur für rational erklärbare spirituelle Ansätze wie Quantenphysik, Morphogenese usw., darüber hinaus für die Messung geistiger Energiefelder. Was die religiöse Orientierung angeht, tendiert man zu uralten Überlieferungen des westlichen oder östlichen Kulturkreises.

Körperbezogene Therapieformen wie etwa Bioenergetik, Alta-Major, Shiatsu und Kundalinimeditation, die über die direkte Einwirkung auf Muskel- und Knochenbau zum Emotional- und Mentalkörper vordringen, schenken diesem wechselhaften und dynamischen Charakter die notwendige innere Ruhe.

TYPUS 4/22
Neptun-Neptun Konjunktion

Die diesem Persönlichkeitstypus eigene überschäumende Ideenfülle (kein Wunder bei der Verdoppelung der 2-er Energie) löst
nicht selten eine unvermeidliche Spannung zwischen Denken
und Tun aus. Dieser Mensch wägt alles ab und überlegt hin und
her, dabei ist er gefühlsmäßig stark beeinflußbar und wird deswegen alles mit großer Zurückhaltung anpacken. Nüchternheit und
Unentschiedenheit prägen das Verhalten im Alltag.

Beruflich ist er oder sie sehr ehrgeizig und besticht durch
Präzision und Genauigkeit. Deshalb besteht immer die Gefahr,
alle Lebensenergie in den Beruf zu investieren. Vielleicht werden
auf diese Weise in der Arbeit Gefühle wie die Liebe verarbeitet
und kompensiert. Geeignet sind Berufe, die eine lange organisatorische und statistische Vorbereitung benötigen. Man strebt
diszipliniert eine leitende Position an und wird über diesen Weg
seinen relativ großen Ehrgeiz befriedigen. Eine Tätigkeit im
Bank - wie Versicherungswesen bietet sich an. Über mehrere
enttäuschende Partnerschaften und gefühlsmäßiger Leere findet
man zur Spiritualität.

Meist bis zum 44. Lebensjahr ganz mit finanziellen und
beruflichen Dingen beschäftigt, bemüht man sich erst später um
gefühlsmäßige und ehrliche Harmonie in der Partnerschaft, und
zwar nachdem die materiellen Verhältnisse gesichert sind. Dann
setzt sich ein starkes Familiengefühl durch. Er wird ein vorbildlicher Vater, sie eine vorbildliche Mutter.

TYPUS 4/31
Uranus-Pluto Konjunktion

Praktisch gestalterische Grundenergie mit leicht exzentrisch anmutendem Realisierungswillen. Ausgeprägter Drang nach Selbständigkeit, um das originelle Denken und Fühlen umzusetzen. Ab dem 15. Lebensjahr fördert dieser Aspekt die Zusammenarbeit mit anderen Menschen, um gemeinsame Interessen in den Bereichen der Erfindung und Wissenschaft zu verwirklichen. Was man später im Leben auch anfaßt, er bereichert es mit der starken und magnetischen Kraft seines Willens. Zwar mag dieser Wille aufgrund einer übermäßigen Anpassung an überlieferte Wertvorstellungen erst spät zum Durchbruch kommen, aber dann kommt er mit aller Macht.

Dieser Mensch ist auf sich selbst fixiert und muß lernen, dem Willensimpuls die Tat folgen zu lassen. Die Gründlichkeit und Tiefe des Wesens erzeugen das Bedürfnis alte und eingespielte Beziehungsmuster und -gewohnheiten aufzulösen. Dabei sind Konflikte und Kritik vorprogrammiert. Man muß sich also gezwungenermaßen mit einem wechselhaften Liebesleben abfinden, wobei einzig die Sehnsucht nach transzendenter Verschmelzung im tantrischen Sinne konstant bleibt.

TYPUS 4/40
Saturn-Mond Konjunktion

Dieser Typus neigt dazu, emotional am Materiellen zu haften. Loslassen fällt schwer, weil man sich zu sehr mit den Gefühlen der Vergangenheit identifiziert. Ein schwermütiger Mensch, der oft relativ isoliert vor sich hin lebt. Eine disharmonische Verbindung von praktischem Realismus und destruktiven, in der Vergangenheit verwurzelten Gefühlsmustern. Abwehrhaltung und mangelndes Selbstvertrauen lassen diesen Typus manchmal reserviert und leicht verletzlich erscheinen.

Das Denken ist meist auf das Nützliche und Praktische gerichtet. In Beziehungen erlebt man sich zumeist unterlegen und manchmal hintergangen, was zu Launenhaftigkeit führen kann, die mit einem besonders ernsthaften Engagement im Beruf kompensiert wird.

Körperarbeit wie Rolfing, Atemtherapie und Rollenspiele könnten die beträchtlichen Blockaden transformieren helfen und diesem Menschen zeigen, wie man seine Gefühle in befreiender Weise zum Ausdruck bringen kann. Im Gefühlsbereich ist sein Wesen am meisten blockiert, aber dort liegt gleichzeitig seine wichtigste Lernaufgabe.

TYPUS 4/49
Mond-Merkur Konjunktion

Starkes emotionales Mitteilungsbedürfnis, das häufig enttäuscht wird.

Die Konjunktion von Mond und Merkur deutet auf eine negativ besetzte, verhärtete Beziehung zur Mutter und repräsentiert infolgedessen eine besonders starke Reserviertheit, denn die Mutter wurde kalt und zurückhaltend erlebt.

Durch die schicksalhaften Verstrickungen (Opposition von 4 und 9) erlebt dieser Mensch jede übergeordnete Autorität, wie die des Gesetzes (hier im weitesten Sinne zu verstehen), als einengend und schwer ertragbar.

Bei 4/40 kompensiert der 4-er Grundtypus mit beruflicher Disziplin die in ihm/ihr sich stauenden Gefühle; hier bei 4/49 dient die Umwelt permanent als Spiegel; das bedeutet: anstatt sich selbst zu akzeptieren, bemüht man sich immer wieder darum, von Partner, Freunden, Freundinnen, Kollegen usw. akzeptiert zu werden. Dies ist ein grundsätzliches Mißverständnis, denn die

Außenwelt kann ja dem einzelnen kein authentisches Selbstwert-gefühl vermitteln.

Wird die mütterliche Energie nicht mehr als hemmend, sondern als neutral erlebt, kann man sich unkompliziert und kreativ mittei-len. Bevor die Gefühle jedoch in Fluß kommen, muß die Mutter als gleichwertige Partnerin gesehen werden, und nicht länger als Konkurrentin und Rivalin.

Lernthema: Nicht auf die äußere Anerkennung kommt es an, sondern auf das positive Erleben der eigenen Gefühle.

TYPUS 5/14
Pluto-Saturn Konjunktion

Das Machtstreben des Pluto (1), kombiniert mit dem Streben des Saturn (4) nach Anerkennung, erzeugt großen Ehrgeiz, der sich auf alle Lebensbereiche erstreckt. Diese Konstellation fördert Struk-turierung und Kanalisierung von okkulten Kräften, und folglich repräsentiert dieser Persönlichkeitstypus den Magier.

Mit seiner starken Schwingungs-Energie, die nach seinem Wunsch die Welt verändern sollen, nimmt man unmittelbaren Einfluß auf sein Umfeld. In ihm/ihr verbindet sich die kreative und planende Energie der 5 mit dem Machtstreben des überhöhten Ich (1). Grandiose Ideen sollen die Allgemeinheit gewinnend beein-flussen, manchmal auch im Schlechten. Dabei nähert sich dieser Mensch allen seinen Vorhaben überlegt und vorsichtig. Geachtet wird auf eine breite Basis. Man bildet und informiert sich umfas-send und erwirbt neben okkultem eine Menge praktisches weltli-ches Wissen.

Seine mit praktischem Denken gepaarte Selbstbeherrschung, machen eine Karriere im gehobenen Management möglich; viel-leicht lassen sich sogar im großen Stil internationale Geschäftsver-bindungen anbahnen. In der ersten Lebenshälfte ein selbstsüchti-ger Charakter, der auch die eine oder andere wirtschaftliche Krise durchstehen muß. Langfristig spornen diese jedoch nur noch mehr dazu an, die ersehnte gesellschaftliche Stellung zu erreichen.

Etwa um das 42. Lebensjahr stellt sich der Erfolg ein, aber dann wird man mit den Versäumnissen in Partnerschaft und Gefühlsleben konfrontiert, die nach Ausgleichung verlangen. Vitale Bindungen gewinnen an Bedeutung. Aus ihnen entwickelt sich die spirituelle Suche nach der Dualseele, dem idealen kosmischen Spiegel. Durch Partnerkrisen erwacht dieser Mensch schließlich zu umfassenderer Bewußtheit, so daß man nun sowohl geben als auch nehmen kann.

TYPUS 5/23
Neptun-Uranus Konjunktion

Ein ähnlicher Persönlichkeitstypus wie bei 5/14, der seine Initiativen zu innerer und äußerer Veränderung jedoch überzeugender darstellt und größere Rücksicht auf Umwelt und Mitmenschen nimmt. Man strebt einen Kompromiß zwischen der eigenen Ideen- und Erfahrungswelt und dem praktisch Machbaren an. Einfühlungsvermögen und Intuition schenken unmittelbare Einsicht in die Bedürfnisse der Mitmenschen. Freundschaften sind ihm/ihr wichtiger als Karriere, und sie entwickeln sich normal und mühelos. Ideal ist ein therapeutischer Beruf.

TYPUS 5/32
Uranus-Neptun Konjunktion

Aufgeschlossener, hoch intelligenter und einfühlsamer Persönlichkeitstypus, der seine Vorstellungen prinzipiell fast mühelos verwirklichen könnte, da der Handlungsimpuls der 3 die Denkmodelle der 2 ganz spontan mit Leben erfüllt. Trotzdem bleibt ihm/ihr nicht die Erfahrung erspart, daß gutmütige und gutgläubige Menschen gelegentlich enttäuscht werden. Empfohlen ist daher, Optimismus und originelle Phantasie zu erden.

Man kann sich bei der Arbeit gut in eine Gruppe einfügen, Teamgeist ist reichlich vorhanden. Spontan fühlt man sich zu Design und jeder Art von Gestalten mit Farben und Formen hingezogen. Hier können Kreativität (5) mit unwillkürlich aufblitzenden Ideen (3) künstlerisch und phantasievoll (3) umgesetzt werden.

Für diesen Menschen haben gesellschaftliche Verbindungen den gleichen hohen Stellenwert wie eine Liebesbeziehung. Im Beruf kommt darüber hinaus die Sehnsucht nach der Vertiefung spirituellen Wissens zum Ausdruck. Eine feste Beziehung zu einem Menschen (möglichst vom Grundtypus 6 oder 7) kann für die generell idealistische Lebenseinstellung den notwendigen Gegenpol und Ausgleich abgeben. Gärtnern, Töpfern und andere Hobbys, die ihn mit dem Element Erde in Berührung bringen schenken Erholung von der spannungsgeladenen Dynamik dieses beweglichen Geistes.

TYPUS 5/41
Saturn-Pluto Konjunktion

Ausgeprägte Führungspersönlichkeit mit hohem Sicherheitsbedürfnis und einem Sinn für Gerechtigkeit und spirituelle Entwicklung.

Planen und Organisieren sind seine Stärke. Wie in jeder Begegnung legt dieser 5-er Grundtypus auch in Liebe und Partnerschaft Wert auf Kontinuität und Beständigkeit. Die Urlaubsreise mit der eigenen Familie wird mit der gleichen Akribie geplant wie ein Business-Meeting. Man will Familie und Beruf zu einem harmonischen Ganzen verschmelzen, was auf Dauer natürlich ein Wunschtraum bleiben muß.

Trotz aller Gruppenloyalität und konservativen Rückbindung hat dieser Mensch ein Kämpferherz und erhält sich sein Leben lang eine revolutionäre Ader, auch wenn man seine Interessen und Ziele grundsätzlich mit den Mitteln der Diplomatie zu erreichen sucht. Erfolge in Justiz und Rechtswesen fallen ihm/ihr gewissermaßen in den Schoß; auch für höhere Verwaltungsaufgaben ist man äußerst geeignet.

Ein freundschaftlicher, auf Kooperation bedachter Geist, den alle mögen.

Typus 5/50
Jupiter-Mond Konjunktion

Die Grundenergie zeigt Großzügigkeit in Gefühlsangelegenheiten an - "ein für alle offenes Herz". Dieser Mensch neigt dazu, seine Gefühle überschwenglich zu zeigen, auch mit nahezu Unbekannten. In Beziehungen verhält man sich eher unselbständig.

Die 0 (Mond-Energie) repräsentiert den Körper und unsere Interaktionsmuster mit der Umwelt und anderen Menschen. Die 5 (Jupiter-Energie) zeigt, wie transparent wir sein können, wie offen und durchlässig unser Wesen für Umwelt und Mitmenschen ist. Ferner steht die Jupiter-Energie für Bewußtseinserweiterung, während die Mond-Energie Gefühle in allen ihren Formen prägt.

Für den Persönlichkeitstypus bringt diese energetische Matrix einige Probleme mit sich. Möglicherweise handelt es sich um einen Menschen, dessen (gelebte oder gespielte) Offenheit nur die Folge einer übermächtigen Mutterbindung ist, die er durch seine Öffnung überwinden möchte. Um dies zu erreichen, geht man mit fast naiver Offenherzigkeit entweder auf viele verschiedene Menschen zu oder offenbart sich nur einem besonders reifen Menschen, der wirklich die Mitte zwischen Kopf- und Bauch-Energien gefunden hat.

TYPUS 6/15
Pluto-Jupiter Konjunktion

Eine starke, energische Persönlichkeit, die ihre durchdachten Konzepte zielbewußt zu verwirklichen versteht und für führende Positionen geeignet ist. Wie im Privatleben, so will dieser Mensch auch im Beruf möglichst alles im Griff haben und kontrollieren. Man liebt es, alle Lebensbereiche nach seinen Vorstellungen zu gestalten und neigt dazu, auch seine Mitmenschen nach seinem Bild zu formen oder dies wenigstens zu versuchen.

Die 6/15-Konstellation repräsentiert den irdischen, nach Verkörperung strebenden Willen, die Kräfte des natürlichen Werdens: kurz gesagt: die Energie der materiellen Schöpfung. Die positiv besetzte 6 *ist* wie der Frühling, dem Sternzeichen Widder und seiner Mars-Energie vergleichbar. Wie ein Keimling sich auf dem Weg zum Licht durch die Erde schiebt, wird dieser Mensch Hindernisse beiseite drücken.

Diese ungestümen vitalen Energien wollen über den Körper, aber vor allem im Beruf ausgelebt werden. Sie sind im Tarot mit dem "Turm" dargestellt, der die Transformation und Neugestaltung alter, erstarrter Formen versinnbildlicht.

Dieser Persönlichkeitstypus kann in seinen Mitmenschen eine radikale Neuorientierung in Denken, Fühlen und Handeln bewirken - ein wahrer Katalysator persönlicher Wandlung. Man interessiert sich für die Mode, aber auch für klassische Kunst und natürlich, wie könnte es anders sein, für die Schönheit vollendeter Erotik. Über die eigene Erfahrung will man zu authentischen Überzeugungen gelangen und danach handeln. Ein eigener Lebensfilm wird entworfen. Lao-Tse sagt es kurz und präzis:" Lebe das Leben wie Leben sich selbst lebt".

TYPUS 6/24
Neptun-Saturn Konjunktion

Ein Mischtypus, nach außen willensstark und selbstbewußt, aber emotional labil und seelisch unsicher. Diese Spannung wirkt sich in der Partnerschaft negativ aus. Unentschlossenheit und Angst vor endgültiger Festlegung führen zu Enttäuschungen, Trennungen und Verlust. Mit einer Waage, die sich nie auspendelt, kann man auch nicht zurechtkommen.

Auf der materiellen Ebene und im Beruf hingegen kommt die andere Seite dieses Persönlichkeitstypus zum Ausdruck: Zielbewußtes Denken (2) und überlegte Planung (4). Das Verhältnis zur Autorität und zu den sogenannten "Respektspersonen" ist eher ambivalent; man empfindet ihren Einfluß schon sehr früh im Leben als lästige Beschränkung und wird sich später wahrscheinlich einen Beruf suchen, der dazu befugt, Autorität in Frage zu stellen. Geeignet ist eine Tätigkeit im sozialen Bereich. Hier darf sich dieser Mensch auf die Seite der Schwachen stellen und Schutz gegen die "da oben" gewähren. Auf diesem Gebiet kann man ungeahnte Kräfte entfalten, fast aufopfernd verfolgt er das Schicksal weniger gut gestellter Menschen und versucht diese nach besten Wissen und Gewissen zu unterstützen.

Die Beziehung zu Eltern und Verwandtschaft ist, wenn auch nicht unbedingt gelöst, eher als bindend zu verstehen. Man wird des öfteren erleben, daß nicht so viel zurückkommt, wie gegeben wurde. Von Sekten und religiösen Gruppen und Grüppchen fühlt sich dieser Mensch unter Umständen angesprochen, und das kann ihm/ihr gefährlich werden. Die Heilsversprechen klingen zwar gut, aber verlangt wird dann zumeist ein Verzicht auf selbständiges Denken. In falschem Zusammengehörigkeitsgefühl verschwimmt alles in falscher und gezüchteter Emotionalität.

Wer die Schwächen und Stärken der eigenen Persönlichkeit kennt, wird schnell aufwachen und lernen, die Verantwortung für die eigenen emotionalen Bedürfnisse zu übernehmen. Man wird ohne Schuldgefühle "Nein" sagen können.

TYPUS 6/33
Uranus-Uranus Konjunktion

Einerseits möchte dieser Mensch instinktiv handeln (Verdoppelung der 3), andererseits ist sein Wille überbetont. Kein Wunder, daß die Vitalenergien sich fast bis zum Bersten stauen. Immer ist man versucht, neue Ideen, Verbesserungen und revolutionäre Pläne durchzusetzen.

Da man sehr ungeduldig, aber gleichzeitig leistungsorientiert ist, wird er mehrmals im Leben "ganz von vorn anfangen". Von euphorischem, eher "südländischem" Temperament wird man relativ schnelle Anfangserfolge erzielen, die wegen mangelnder Vorausplanung jedoch ständig gefährdet sind. Nicht selten werden bis zum 33. Lebensjahr mehrere Karrieren begonnen, weil man es nicht fertigbringt, sich auf eine Sache zu konzentrieren. Zur Entladung gespannter Energien, hat man eine nicht ganz ungefährliche und gelegentlich gesundheitsschädigende Schwäche für Hobbys wie Hochleistungssport, Formel 1-Fahren, Drachenfliegen, Expeditionen in exotische Länder usw. Seine berufliche Begabung liegt in ähnlichen Tätigkeitsfelder. Alles andere als ein Schreibtischmensch, zieht es ihn in die Welt der Reportage, des Films; auch ein Managementposten im Sport ist für ihn attraktiv. Dabei wird selten das Ziel aus den Augen verloren, man ist leistungsbewußt, wenn auch eigensinnig, so daß man am liebsten nach den eigenen Methoden arbeitet.

In der Partnerschaft handelt man zuverlässig und verantwortungsbewußt und schätzt Familie, Kinder und ein schönes Zuhause. Freunden gegenüber besonders großzügig, gibt er viel von sich und seinen reichen Erfahrungen.

Es versteht sich von selbst, daß die Besessenheit, immer der Erste sein zu wollen, sich in der zweiten Lebenshälfte in eine eher gelassene und philosophische Lebenshaltung wandelt.

TYPUS 6/42
Saturn-Neptun Konjunktion

Im Gegensatz zum Persönlichkeitstypus 6/33 versteht dieser Mensch von Anfang an, seine Ideen mit Ausdauer zu verwirklichen und im persönlichen Leben Gefühle und Schwächen zuzulassen. Die daraus sich ergebende relative Gelassenheit tut der Gesundheit gut. Dieser Mensch wird sie nicht leichtfertig aufs Spiel setzen.

Aber natürlich ist man auch nicht ohne Schwächen. Fehlt die spirituelle Komponente, neigt man bei der Durchsetzung seiner Ansprüche zu unverhältnismäßiger Skrupellosigkeit. Auch achtet man zu wenig auf seine seelischen Bedürfnisse, denn der selbsterzeugte Leistungsdruck ist gewaltig. Das selbstsichere Auftreten ist eine Schutzfunktion. Melancholische Anwandlungen sind Ausdruck einer hochsensiblen Psyche. Nicht selten unterliegt man Selbsttäuschungen. Die Phantasie wächst gerade in Liebesbeziehungen ins Uferlose. Man ist häufig unzufrieden mit dem Partner oder der Partnerin, weil man ihn als Projektionsfläche benutzt.

Da man nicht nur in dieser Welt lebt, sondern auch ein Gespür für jenseitige Welten besitzt, kann es entweder zu Orientierungsschwierigkeiten kommen oder aber es wird ein Weg gefunden, die feinstofflichen Ebenen erfolgreich ins eigene Leben zu integrieren.

Beruflich ist man nicht festgelegt: ein Managementposten in Bank- oder Versicherungswesen wird den eigenen Ehrgeiz befriedigen, nicht weniger eine theologische Ausbildung und vielleicht eine Missionarsstelle, um die Welt zum eigenen und natürlich "richtigen" Glauben zu bekehren. Am besten lernt dieser Mensch, mit seinen physischen Energien hauszuhalten, über wohldosierte

Ruhepausen, gesunde Ernährung und ein Fitness-Programm. Das fördert die Geduld und läßt persönliche Ziele streßfreier erreichen. Das wäre ganz im Sinne dieses Persönlichkeitstypus, der seine physischen Kräfte in Ausdauer und Zähigkeit zum Ausdruck bringt und aus ihnen seinen Führungsanspruch ableitet. Man wird auf andere um so mehr Ruhe und Konzentration übertragen können, je mehr man selbst Kleinigkeiten wahrnimmt und auf ihre Bedeutung prüft. Gerade das möchte man, denn das Lebensthema lautet: "Ich will Vor- und Leitbild für andere sein."

TYPUS 6/51
Jupiter-Pluto Konjunktion

Dieser Typus verfügt über eine natürliche Selbstkontrolle über sich und andere, gewährt sich und anderen mehr Spielraum als der 6/15-Persönlichkeitstypus. Man ist beweglich und beschwingt, ein höflicher Mensch mit viel Charme. Nicht mit Gewalt setzt man sich durch, sondern mit seinem angeborenen Einfühlungsvermögen und den Mitteln der Diplomatie.

Übereinstimmend mit seinem Selbstverständnis möchte dieser Mensch, die Welt für größere und spirituelle Ideale begeistern. Man schätzt die Kraft der transformativen Therapien und begreift alle Formen der "weißen" Magie als Vorbereitung auf das höchste Ziel. An der Wegscheide zwischen materieller und geistiger Welt stehend, übernimmt man schon früh die Funktion des/der Wegbegleiter/s der Wegbegleiterin.

Interessant sind alle therapeutischen Berufe, die helfen, das Leben als ein Fest zu begreifen und zu leben. Man will eine höhere Ordnung erfassen und im Dasein zum Ausdruck bringen. Da die 1 (Mars) die vitalen Energien und die 1 (Pluto) das höhere Selbst repräsentieren, kommt in der Zahlenkombination dieses Persönlichkeitstypus die numerologische Opposition der höheren Persönlichkeitsentfaltung (1-6) zu fruchtbarer Entfaltung.

Traditionelle Zweierbeziehungen sind hier die Ausnahme. Stattdessen wird die Gruppe zur Familie; man umsorgt sie wie ein Kleinkind, das gerade laufen lernt. Dieser Mensch hat oft das Gefühl, nicht von dieser Welt zu sein. Zu höherer Magie findet man im Laufe des Lebens gewissermaßen wie von selbst Zugang. Diese stellt ihm/ihr alle gewünschten geistigen Energien zum Erreichen seiner geistigen Ziele zur Verfügung. Der 6/5-Mensch geht mit den Wesenheiten höherer Sphären so selbstverständlich und natürlich um wie mit den Menschen "wie du und ich".

TYPUS 7/16
Pluto-Mars Konjunktion

Eine starke, nach außen strahlende Persönlichkeit.

Wenn 7 (Sonne) und 1 (Pluto) in Konjunktion stehen, bedeutet dies Wandlung und Wachstum der Persönlichkeit durch transformative Bewußtseinskräfte. Die 1 (Pluto) deutet auf eine Art der Wandlung und des Wachstums, das Materie und materielle Verhältnisse formen und gestalten möchte. Wie wir bei den Erklärungen zum Grundtypus gesehen haben, repräsentiert die 7 materielle Fülle. Die Hauptachse der Opposition 1-6 verweist ja auf die Verbindung der grobstofflichen, "irdischen" und vitalen Kräfte mit den feinstofflichen, "geistigen" Energien. Wirkt diese Spannung sich harmonisch und befruchtend aus, entsteht mit der 7 Lebensfülle und Kreativität.

Wir können auch sagen, daß die Opposition 1-6 das Numeroskop vertikal durchdringt, und somit die eigentliche Mitte des Menschen darstellt (die Wirbelsäule mit ihren feinstofflichen Energiezentren). Für den 7/16 Persönlichkeitstypus bedeutet dieser polare Ausgleich im Sinne des hermetischen Gesetzes, "Wie oben so unten", daß man einerseits die sonnenhafte Seite des Lebens herausstellen möchte und andererseits darauf hinarbeitet, die Welt der Materie mit dem Sinn der geistigen Gesetze höherer Daseinsebenen zu erfüllen.

Enthält das Numeroskop keine Egozentrik und Selbstsucht begünstigenden Quadrate, kann man sich zu einer idealen Führungsperson entwickeln. Häufige Orts - und Berufswechsel drücken rein äußerlich die inneren Kämpfe um das geistige Sein in dieser Welt aus. Man verfügt über ein tiefes, intuitives Wissen um die dunklen und harten Seiten des Lebens, die ihn inspirieren, sich gründlich mit den okkulten und geistigen Wissenschaften zu beschäftigen.

Der 7/16-Mann bevorzugt jüngere Frauen. Die 7/16-Frau hingegen fühlt sich zu älteren Männern hingezogen, die ihr Freund, Lehrer und Vaterersatz in einem sein können. Beide sind äußerst tolerante Partner, die keine Szene machen, wenn es in der Beziehung einmal delikate Fragen zu lösen gibt. Sie spüren wahrscheinlich, daß spirituelles Wachstum nur in gewissen Freiräumen möglich ist.

Bevorzugt werden repräsentative Positionen, gehobene Positionen in Wirtschaft und Industrie und organisatorische Tätigkeiten, die viel Eigeninitiative verlangen.

TYPUS 7/25
Neptun-Jupiter Konjunktion

Ein eher zurückgezogen lebender und auftretender Mensch, noch intuitiver und phantasiebegabter als die 7/16-Persönlichkeit, der sich weniger in die Welt einbringt. Seinem Wesen nach heiter, beschwingt und grundsätzlich positiv eingestellt, befaßt man sich gern mit religiösen und sozialen Problemen. Die natürliche Sinnlichkeit, Herzlichkeit und unaufgesetzt wirkende Ethik dieses Menschen stiftet viele Freundschaften, die man in verschiedenen Gesellschaftsschichten und Kreisen aufbaut.

Wahrscheinlich wird man einen Beruf ausüben, mit dem er den Menschen und der Welt nützen kann. Oft reicht ihm/ihr Gerechtigkeit als Lohn. Hohe Intelligenz und bei aller Schnelligkeit obendrein auch gründliche Auffassungsgabe ermöglichen den Aufstieg in gehobene Positionen. Einfühlsam kann man sich in die Probleme anderer versetzen. Dann läßt man seine Verbindungen spielen und schafft die Sache so schnell es geht aus dem Weg.

Beziehungen sind schwierig. Meist wird man erst in der zweiten oder dritten Ehe glücklich. Neue Partner werden in allen Lebensstadien schnell gefunden. Dabei verhält man sich in allen Partnerschaften generell verantwortungsbewußt und einfühlsam, wird sich aber trennen, sobald eine Beziehung die Entfaltung des Bewußtseins einengt. Auch lebt man die energetische Matrix seines Persönlichkeitstypus aus: man ist gerecht und verwöhnt gern den anderen. Trotzdem läßt sich Eifersucht und emotionales Chaos nicht immer vermeiden.

Das eigentliche Lebensziel ist jedoch die Verwirklichung einer höheren, universellen Harmonie, also eine Einheit und Verschmelzung, die größer und gewaltiger ist als die bloße Addition persönlicher Merkmale und Eigenschaften. Als Einstieg dient hier der Sinn für das Schöne und magisch Verzaubernde unserer Welt und unseres Daseins, die durch ihre wahrnehmbare Überhöhung zu transzendierender Einheit einladen. Der Glaube an eine höhere, nicht greifbare Realität prägt das Selbstbild und die spirituelle Suche dieses Menschen.

Und, man höre und staune: manchmal sind sogar Juristen unter diesem Persönlichkeitstypus zu finden.

Typus 7/34
Uranus-Saturn Konjunktion

Von ihrer Grundenergie eine expansive Persönlichkeit (3), die ihr Selbst gern über Leistung und Anstrengung (4) zum Ausdruck bringt, wobei sie den neuen Impulsen aus Wissenschaften und Religion Form und Gestalt verleiht. Man ist infolgedessen schriftstellerisch begabt. Auch die rhetorischen Fähigkeiten sollten genutzt werden, etwa in Form von Vorträgen oder Seminaren. Wenn man sein Bedürfnis nach Abwechslung und Reibung vernünftig auslebt, wird die gesellschaftliche Anerkennung nicht ausbleiben.

Die Verbindung von 7 und 4 (Sonne und Saturn) läßt auf Disziplin schließen, die hier in den Dienst verantwortungsbewußten Handels gestellt wird, sich selbst und andere inbegriffen. Man läßt andere bereitwillig an der eigenen Lebenserkenntnis (3 und Uranus) teilhaben und wirkt in gewisser Hinsicht wie ein Medium oder ein geistiger Kanal. Schon früh im Leben schlüpft man in die Rolle des Lebensberaters, denn Herz und Hilfsbereitschaft prädestinieren dafür. Viele Menschen suchen und finden beim 7/34-Menschen die ersehnte Zuflucht.

Der 7/34-Mann ist ein guter, verantwortungsbewußter Vater, die 7/34-Frau eine liebevolle, aufgeschlossene und großzügige Mutter. Sie lieben das Leben und ihre Kinder und sind glücklich, daß sie ihren geistigen Weg gemeinsam mit anderen gehen können. Ein Sinn für das Schöne, Künstlerische und Ästhetische verbindet sie. Ihr Heim strahlt bei allem Geschmack auch Behaglichkeit aus.

Dieser Mensch freut sich seines Daseins und hilft gern - ohne missionarischen Eifer und weltanschauliche Scheuklappen.

Typus 7/43
Saturn-Uranus Konjunktion

Ein Mensch, der geprägt ist von schöpferischer Energie und einer lebensbejahenden Grundhaltung.

Dieser kreative und unkonventionelle Charakter steht durch seine Ideen und inneren Eingebungen ständig unter Strom - ist gewissermaßen ununterbrochen auf Empfang geschaltet. Der Vergleich mit einer Antenne oder einem (Stimmungs-)Barometer drängt sich auf. Emotionale Sicherheit und das Suchen nach Geborgenheit in der Partnerschaft steht im Vordergrund, so daß die schöpferische Energie primär in Partnerschaft und private Freundschaften einfließt. Familie und Freunde kommen an erster Stelle, die Karriere ist nur sekundär wichtig. Man hält sich an die Devise: "Lebe das Leben wie es kommt."

Dabei läßt die numerologisch abzuleitende Disziplin und geistige Konzentration durchaus auf berufliche Kompetenz schließen. Aber in diesem Daseinsbereich fließen die Kräfte leider nicht vollkommen frei. Das mag zum großen Teil am Einfluß des Elternhauses liegen. Der starke Vater wirft seinen Schatten über das Leben, bis hin zur Verspannung. Die eigene Kreativität leidet darunter, und man glaubt einfach nicht, seine Pläne und Vorstellungen gewinnbringend durchsetzen zu können. Es fehlt an Mut, obwohl dieser Mensch ganz bestimmt um materielle Sicherheit bemüht sein wird, wie die Konstellation von 7 und 4 (Sonne und Saturn) andeutet.

In seiner Seele kämpfen traditionelle Lebenseinstellung und revolutionäre Ideen (in der Uranus-Energie 3 repräsentiert) um die Oberhand. Das zeigt sich sogar in Auftreten und Erscheinung. Man kann sehr witzig und geistreich sein, aber auch konservativ bis zum Eigenbrödlertum. In der Mode entscheidet man sich entweder für das Schrille bis Hypermoderne oder für den Look der 50-er Jahre.

Besitz ist hier hauptsächlich geistiger Besitz. Man erwirbt eine gute Bildung und sehr viele, zumeist wissenschaftliche Erkenntnisse. Daher sollte sich der Lebenspartner beizeiten darauf einstellen, genug zum gemeinsamen Einkommen beizusteuern. Als Archäologe, Verwalter, Historiker oder Antiquar vertritt dieser Typus auch beruflich seine idealistische Einstellung dem Leben gegenüber.

TYPUS 7/52
Jupiter-Neptun Konjunktion

Keine leichte Existenz.

Man hängt religiösen und philosophischen Spekulationen nach, verliert sich leicht in eine Traumwelt und bekommt Probleme mit der Wirklichkeit, vor allem mit den materiellen und ökonomischen Notwendigkeiten. Diesen Konflikt zu bewältigen, ist die eigentliche Lebensaufgabe des 7/52-Persönlichkeitstypus. Man muß lernen, spirituelles Streben mit geschäftlichem Realismus zu verbinden, muß sich fragen, was ist nützlicher und damit sinnvoller.

Sind die weltlichen Verpflichtungen dann endlich karmisch eingelöst, so daß keine neuen Verstrickungen in das alte Konfliktmuster mehr anstehen, steht diesem Menschen der spirituelle Weg offen. Ein guter Einstieg wären: Tai Chi, Tantra, Bioenergetik und andere Wege der Transformation des Geistes über den Körper.

Dieser Persönlichkeitstypus ist sehr selten, weil 7/52 rein rechnerisch so gut wie nie vorkommt. Bei einem Wandlungstyp ist seine Thematik maximal zehn Jahre aktuell.

TYPUS 8/17
Pluto-Sonne Konjunktion

Begabt zu schöpferischem Umgang mit Malerei, Musik, Kunst und Theater. Aber auch das eigene "Lebenstheater" wird gestaltet. Die 8 repräsentiert Sinn für Erotik und Ästhetik. Dieser Mensch trägt in seinem Bewußtsein die Anlagen zu einer harmonischen Verbindung von Körperausdruck, Rhetorik, Sinnlichkeit und seelischer Tiefe, die man auch als selbstgestellte Lebensaufgabe begreift.

Schon früh, etwa im Alter von zwanzig Jahren, beginnt man den weiteren Verlauf des Lebens selbst zu gestalten. Von höheren, feinstofflichen Schwingungsfrequenzen durchdrungen, kommt kreative Gedanken- und Ideenfülle zum Ausdruck. Musikalische Begabung wird nicht selten von einem Verständnis für bildende Kunst und Malerei abgerundet.

Die 8 ist die Verdoppelung der vier Grundzahlen der Tetraktys; infolgedessen repräsentiert sie eine Potenzierung der in ihnen verschlüsselten Energien. Sie entspricht der Venus, einer sanften, erotischen Grundsstrahlung, frei von Krampf, Kampf oder Gewalt. Dieser Mensch wird den Weg des geringsten Widerstands gehen, um nur ja jedem Streit und jeder Auseinandersetzung aus dem Weg zu gehen - und erreicht das Gegenteil. Vermeidung hilft keinen Kampf vermeiden.

Eine sensible Seele mit großer Sehnsucht nach Geborgenheit und Wärme in der Beziehung. Seine eher feminine Empfänglichkeit führt im privaten wie im Berufsleben automatisch zu den gewünschten Kontakten. Das Harmoniebedürfnis ist groß, die Anerkennung der anderen wird gesucht. Reisen sind wichtig, aber man will seinen Erfahrungshorizont auch in jeder anderen Hinsicht ständig erweitern.

Geeignete Berufsfelder sind: Mode und anderes Design, Kunsthandwerk, Kunstgewerbe, Kunstkritik und alle beratenden Funktionen, die viel Fingerspitzengefühl erfordern.

TYPUS 8/26
Neptun-Mars Konjunktion

Man kann seine Fähigkeiten schöpferisch und mühelos zum Ausdruck bringen, da hier der Phantasiereichtum der 2 mit den Durchsetzungs- und Handlungsimpulsen der 6 eine wechselseitig befruchtende Verbindung eingegangen sind. Phänomenale Anpassungsfähigkeit prädestiniert diesen Menschen geradezu für eine schnelle Karriere in Politik-, Finanz- oder Verlagswesen. Seine Vielseitigkeit beschränkt ihn jedoch nicht darauf. Weitere ideale Felder zur Entfaltung der vorhandenen kreativen Energien sind: die gehobene Gastronomie und Hotellerie und natürlich auch Kunst und Literatur.

Auseinandersetzungen mit der Familie und den Verwandten trüben das Privatleben. Sie lassen sich auch schwer vermeiden, denn die 8/26-Persönlichkeit braucht für sich und seine geistigen Ideale sehr viel Zeit.

In der Liebe ist Leidenschaft angesagt, zumindest läßt der Aspekt von 8 und 2 (Venus-Neptun) dies vermuten. Auf diesem Bereich liegen auch die wichtigsten Lernerfahrungen für dieses Leben. Partner oder Partnerin mögen sich von der unterschwelligen Spannung im Verhältnis irritiert fühlen, für die 8/26-Persönlichkeit ist diese hingegen eine Art Jungbrunnen. Die aus der Beziehung gewonnene Wärme kann die eigene schöpferische Kraft noch steigern.

Das Selbstbild ist geprägt vom eigenen Traum, Sexualität zu transzendieren und die lebhaften Phantasien der Neptun-Mars Konjunktion voll auszuleben.

TYPUS 8/35
Uranus-Jupiter Konjunktion

Neue Bildungsideale und Beziehungsformen werden angestrebt, ein Mensch, der Liebe, Ehe, Umwelt und Politik reformieren und mit seinen Idealen prägen möchte. Dieser Aspekt birgt ungewöhnliche Entwicklungsmöglichkeiten im beruflichen wie spirituellen Bereich. In einigen Fällen gelingt es sogar, beides miteinander zu verbinden. Die Weisheit alter und fremder Kulturen wird erfolgreich vom eigenen Denken und Fühlen absorbiert, so man sie als kreativen Impuls in die Gesellschaft einzubringen vermag.

Wie der Rückschluß von der äußeren Intentionen nahelegt, handelt es sich um einen eher rebellischen und ungestümen Charakter. In Liebesdingen schätzt man das Abenteuer und/oder Experiment. Wohl wird man sich in einer Stadt- oder Landkommune fühlen, allerdings nicht unbedingt in beengten Verhältnissen. Ein großes Landhaus oder eine Stadt-Villa mit vielen lieben Menschen, das wäre ideal!

Ein empfindsamer Mensch mit bewegtem Seelenleben. Die Partnerbeziehung wird eher als kameradschaftlicher Austausch verstanden. Geeignet sind selbständige Berufe, verbunden mit organisatorischen Aufgaben. Man wird sich aber auch über Vorträge, als Schauspieler, Regisseur oder eine verwandte Tätigkeit in Übereinstimmung mit seiner energetischen Matrix entfalten können.

Spirituelle Interessen sind vorhanden. Sie werden in der Beschäftigung mit der Heilwirkung von Farbe, Klang und gruppentherapeutischen Bemühungen zum Ausdruck kommen, die soziale und ökologische Ideen verfechten.

TYPUS 8/44
Saturn-Saturn Konjunktion

Unter den Menschen mit dieser Konstellation von 8 und 4 (Venus und Saturn) finden wir verhältnismäßig viele begabte Künstler und Künstlerinnen. Die künstlerische Begabung der 8 bekommt über die ordnenden Kräfte der 4 den Rückhalt, der sie vermittel- und durchsetzbar macht. Musiker mit diesem Zahlenaspekt werden wahrscheinlich über einen ausgeprägten Sinn für Rhythmus, Harmonie und Melodie verfügen

Im zwischenmenschlichen Kontakt sucht man den harmonischen Ausgleich, auch um den Preis der Rücknahme des Ich. Das Fühlen ist differenziert entwickelt, das Denken vom Fühlen geprägt, aber gleichzeitig zu hoher Erkenntnis fähig.

Eine gewisse Spannung ergibt sich aus dem Hang zu materiellem Wohlstand. Man liebt teure Vergnügen und hat Spaß am Luxus, mit möglichem Schaden für die eigene Empfindsamkeit, denn diese Neigung bringt ihn mit einer Reihe von "falschen Freunden" in Kontakt. Vertrauensseligkeit und Gutgläubigkeit bereiten potentiell eine Menge Scherereien.

Die erste Lebenshälfte bringt eine Menge persönliche Enttäuschungen, die zuweilen aufs Gemüt schlagen und vorübergehende Depressionen verursachen. Auch in der Liebe ist mit Rückschlägen zu rechnen.

Man sucht die Nähe anderer, indem er von sich aus anbietet, Aufgaben und Pflichten zu übernehmen. Der gute Teamgeist ermöglicht erfolgreiche Kooperation. Voraussetzung ist allerdings, daß die Zusammenarbeit sein Sicherheitsbedürfnis stillt. Man fordert für jede Leistung eine direkte oder indirekte Gegenleistung; emotionale Bestätigung ist für ihn besonders wichtig.

Vorhandene spirituelle Neigungen kommen nicht unbedingt auf gesundem Weg zum Durchbruch. Drogenmißbrauch und andere Suchtkrankheiten sind denkbar, denn der Zugang zu den anderen Dimensionen wird oft gerade über das Obskure, Surreale und

Phantastische, wie es etwa in den Bildern von Bosch, Holitzka, Fuchs zum Ausdruck kommt. Alle Formen der passiven Meditation werden bevorzugt.

TYPUS 8/53
Jupiter-Uranus Konjunktion

Ein friedfertiger Mensch, der immer Frieden stiften und allen Menschen helfen will.

Stark religiös und spirituell empfindend, macht man Demut und Hingabe zu seinem voll verinnerlichten Lebensthema. Liebe zur Schöpfung und allen ihren Wesen prägt seine Einstellung und Handlungsweise bis ins Alltägliche.

Wie die 8/44-Persönlichkeit, verwirklicht auch man sich im Idealfall über eine künstlerische oder vergleichbare Tätigkeit, jedoch versteht man dabei das Leben selbst als das eigentliche Kunstwerk, dem eine tiefe, ja religiöse Verehrung entgegengebracht wird. Deswegen fördert man es nach Kräften. Die Vorliebe für alternative Lebensformen auf dem Land oder die Unterstützung sozial und ökologisch orientierter Projekt bringen dies zum Ausdruck.

Zahlreiche Affären bestätigen die liberale bis lässige Lebenseinstellung. Da man überdies viel diplomatisches Feingefühl besitzt, entstehen eine Menge Freundschaften und Bekanntschaften im In- und Ausland. Man reist gern, ist am liebsten unterwegs und genießt die Weite und Offenheit des Daseins und der Welt. Daran, so meint die 8/53-Persönlichkeit, sollten alle Menschen partizipieren und ihre Freude haben. Deswegen werden förderungswürdige Umwelt-, geistige und künstlerische Projekte auch (wenn es geht sogar großzügig) finanziell unterstützt. Das eigene spirituelle Interesse trägt man jedoch nicht offen zur Schau. Man bleibt lieber im Hintergrund, beobachtet den Trend und fördert in nach den vorhandenen Möglichkeiten.

TYPUS 9/18
Venus-Pluto Konjunktion

Die 9 schafft Bewegung, Veränderung, Unruhe und stellt alles Konventionelle, Manifestierte, Gesetzmäßige in Frage. Sie ist die Zahl der Auflösung. Es verwundert also nicht, wenn gerade dieser erste vom Grundtypus 9 geprägte Persönlichkeitstypus seine innere Bewegungsrichtung besonders heftig verkörpert und handelnd zum Ausdruck bringt.

Für die einen ein Revoluzzer und notorischer Unruhestifter, für die anderen der unersetzliche Ansporn zu geistiger Erneuerung, wirkt dieser Mensch wie ein Katalysator. Man ist durchaus unternehmungslustig und ergreift gern die Initiative, wobei man durch Einfallsreichtum und originelle Vorschläge hervorsticht. Geistige Aufgaben werden in kürzester Frist erledigt, denn sein Gehirn verarbeitet die unterschiedlichsten und divergentesten Eindrücke und Informationen im Stil einer Nachrichtenzentrale schnell und präzise.

Redegewandt und reaktionsschnell arbeitet man in den Bereichen "Überwachung und Kontrolle". Statistik, Anlageberatung und ähnliche Tätigkeiten versprechen den gewünschten Erfolg. Allerdings sollte immer ein, wenn auch gehobenes, Angestelltenverhältnis angestrebt werden, denn die 9/18-Persönlichkeit kommt beruflich wahrscheinlich in die größten Schwierigkeiten, wenn sie vollkommen auf sich selbst gestellt bleibt. Der rastlose Trieb nach Veränderung würde einen sinnvollen Aufbau eigener Strukturen boykottieren. Aber auch das Angestelltendasein stellt ihn vor permanente Probleme. Auf Veränderung drängend, scheut man keine Konflikte, und der fast übersteigerte Ehrgeiz macht ihn trotz aller Kontaktfreudigkeit nicht gerade umgänglich.

Obwohl bei erotischen Romanzen und Seitensprüngen sehr berechnend, sind der 9/18-Mann ein vorbildlicher Gatte und 9/18-Frau eine vorbildliche Gattin, vorausgesetzt die Ehe setzt den eigenen geistigen Interessen keine unerträglichen Grenzen.

Dieser Persönlichkeitstypus steht häufig unter der Kontrolle eines dominanten Charakters, ohne auch nur zu merken, wie man gegängelt und manipuliert wird. Bei positiver Aspektierung lernt man, seine Liebe auf den geistigen Ursprung des Lebens zu konzentrieren - und damit auf eine transzendentere Erfahrungsebene zu heben. Bei negativer Aspektierung besteht hingegen die Neigung zu leidenschaftlicher Ausschweifung. Die Transzendierung wird dann nicht erlebt und gestaltet, sondern passiv und schmerzlich erlitten.

TYPUS 9/27
Sonne-Neptun Konjunktion

Dieses Bewußtsein möchte in falscher Einschätzung der vorhandenen Möglichkeiten alles "bloß Materielle" über Phantasie, Spiritualität und Idealismus überwinden, manchmal auch einfach nur ignorieren. Man läuft deshalb Gefahr, die eigenen Fähigkeiten entweder stark zu überschätzen oder im Gegenteil unterzubewerten.

Ein dynamischer Wandlungstyp mit häufig wechselnden Meinungen, Weltanschauungen und Lebens- und Wertvorstellungen. Auch die Liebe dauert selten, denn nach einer beglückenden Erfahrung wird gleich die nächste, wenn möglich noch ekstatischere und erfüllendere gesucht. Die Suche, man könnte auch sagen Veränderungssucht, treibt darüber hinaus zu häufigen Wohnungs-, Orts- und Berufswechseln.

Seinem spirituellem Selbstverständnis entsprechend ein Mystiker oder eine Mystikerin ohne feste religiöse oder weltanschauliche Bindung. Interesse und Begabung besteht für transformatorische Methoden wie Yoga, Meditation, praktischer Alchemie, und Atemtherapie. Ein Leben unter geistigem "Starkstrom". Fehlt im Numeroskop das Gegengewicht von 4 oder 6, treiben Verwirrung und Selbsttäuschung unter Umständen schaurig-schöne Blüten. Letztlich entscheidend für die Lebensqualität dieser Konstellation sind: Vorinkarnationen, Bildungsstand und Elternhaus. In diesen Bereichen nämlich wird das Fundament für die spirituelle Verwirklichung gelegt, die ohne Disziplin und Ordnungssinn (schwierige Aufgaben für die 9/27-Persönlichkeit) so gut wie unmöglich ist.

Andere werden diesen Menschen kaum verstehen können, denn seine Eigensinnigkeit und Egozentrik läßt ihn schon heute die Meinungen und Überzeugungen des Jahres 2100 vertreten, die für die Mitmenschen kaum nachvollziehbar sind. Außerdem entziehen die dauernden Orts- und Anschauungswechsel der Kommunikation die Basis.

Die Abneigung gegen den konventionellen Lebensstil macht für die 9/27-Persönlichkeit folgende Berufe und Tätigkeitsbereiche attraktiv: Journalismus; Showgeschäft; Touristik; Fremdsprachen; Literatur; Außenvertretungen in Handel und Gewerbe (die merkurische Energie der 9 macht es möglich).

Lernaufgabe: Finde den Partner/die Partnerin, bei dem/der du dich in Ruhe und Harmonie selbst finden kannst.

TYPUS 9/36
Mars-Uranus Konjunktion

Energiegeladenes Denken und entschlossene Verwirklichung sind die Hauptmerkmale dieses impulsiven, zu überstürzten Handlungen neigenden Menschen. Man lehnt sich gegen jeden Zwang auf, gegen alle von außen auferlegten Ideale sogar sehr leidenschaftlich - ein Revolutionär, vielleicht der Kopf einer radikalen, "umstürzlerischen Vereinigung". Man ist mutig und konsequent, aber eigentlich weiß man nie so ganz genau, wofür man sich zuerst einsetzen soll. Es gibt einfach so ungeheuer viel, das man tun könnte. Gebraucht wird wirklicher Boden unter den Füßen, gebraucht werden Zeit und Muße. Angesagt ist Gewaltlosigkeit, damit der starke Wille sich schöpferisch und fruchtbar entfalten kann.

So frisch und aufgeweckt ist dieser Verstand, daß er sich, wenn möglich, wie "Hans-Dampf-in-allen-Gassen" auf unterschiedslos alle Aufgaben stürzt. Aber man hat es nicht leicht, denn die lieben Mitmenschen denken und handeln nach seiner Meinung einfach zu schleppend und langsam. Man sollte ihnen Beine machen.

Nutzt die 9/36-Persönlichkeit ihre rhetorische Begabung, Originalität, Vitalität und ihren Mut, wird man die ersehnte Ruhe finden, vor allem, wenn man diese im Sinne des indischen "Karma-Yoga" als Aufforderung zum kontinuierlichen Dienst und Einsatz für das Göttliche und die Menschheit verstanden wird. Um einen Zugang zur Esoterik braucht man sich nicht sonderlich zu bemühen. Der ist ihm/ihr gewissermaßen in die Wiege gelegt. In vergangenen Existenzen haben die praktische Beschäftigung mit den Wirkkräften der Reinkarnation und/oder die Schulung in einem Zen-Kloster bereits die nötigen Voraussetzungen geschaffen. Bei neutraler bis guter Aspektierung schenken sie in diesem Leben Gesundheit, Gelassenheit und Zuversicht.

Man setzt sein Vertrauen nicht in feste Partnerschaften, weil man wahrscheinlich Angst vor Einengung und Beschneidung der persönlichen Freiheit hat.

Typus 9/45
Jupiter-Saturn Konjunktion

Dieser Mensch entwickelt die geistige Flexibilität der 9/36-Persönlichkeit konsequent weiter. In Übereinstimmung mit der Grundschwingung der 4 (Saturn), manifestieren sich die künstlerische und gestalterischen Fähigkeiten in sicht- und greifbaren Formen, etwa in Kunst, Tanz und Choreographie. Die harmonische Charakterstruktur, repräsentiert in den Zahlen 4 und 5, kündigt geistige und materielle Erfolge an. Trotzdem ist man nur selten wirklich glücklich und zufrieden. Geistiger und materieller Überfluß ödet ihn an, geistiger und materieller Mangel hingegen werden als Einschränkung der eigenen großen Möglichkeiten erfahren.

Manchmal verleitet seine Vielseitigkeit ihn dazu, sich zuviel aufzubürden. Genauigkeit und Verläßlichkeit sind in Fleisch und Blut übergangen. Man kann fast nicht anders, man muß einfach alles exakt nachprüfen, über den Stellenwert einer Frage Klarheit gewinnen, sie unter allen relevanten Gesichtspunkten erfassen. Wird aus diesem unbewußten Bedürfnis ein bewußter Lebensentwurf, kann sich die Persönlichkeit nach ihrem eigenen Ideal frei entfalten.

Bevor man sich auf eine Beziehung ganz gleich welcher Art einläßt, prüft man gewissenhaft, ob der andere aufrichtig, ehrlich und verläßlich sein kann. Diese Vorsicht veranschaulicht das Sicherheitsbedürfnis der 9/45-Persönlichkeit. In der ersten Lebenshälfte in einer von traditionellen Verhaltensmustern bestimmten Partnerschaft gebunden, wird man zumeist in der Mitte des 40. Lebensjahrs mit einer schwierigen Trennung konfrontiert.

Erfolg in allen Berufen, die im weitesten Sinn metaphysische Fragen berühren.

Die Gesundheit ist oft gefährdet. Schleimhäute, Gelenke und Atemwege sind anfällig für verschiedene Krankheiten. Man sollte seine Wohnung unbedingt nach geomantischen Gesichtspunkten wählen und nach baubiologischen Richtlinien ausbauen. Ein solches Heim stellt einen Ruhepol zur Entlastung seines im allgemeinen stark angespannten Nervensystems bereit. Dieser wird unbedingt gebraucht, denn die 9/45-Persönlichkeit nimmt sich selten die Zeit, etwas für Gesundheit und Körper zu tun.

Karma

"Was mit einem Menschen geschieht, ist für ihn charakteristisch. Er repräsentiert ein Muster und alle Teile passen zusammen. Mit dem Fortschreiten seines Lebens gelangen sie Stück für Stück auf ihren Platz, entsprechend einem vorbestimmten Plan."

C. G. Jung

Karma bedeutet Handlung aus Kenntnis der Gesetzmäßigkeiten in selbstbestimmter Freiheit. Der Begriff Karma stammt aus dem Sanskrit, wo er so viel wie Tat oder Handlung bedeutet. Der Mensch kann nur innerhalb der von der Schöpfung gegebenen Möglichkeiten frei sein! Je reifer ein Mensch ist, desto größer ist auch seine Freiheit. Freiheit heißt: Bestimmung von innen durch das höhere Selbst. Leben wir in solcher Freiheit hören wir auf die innere Stimme - und nicht auf die abhängig machenden Wünsche des Ich.

In seinem Karma spiegelt sich die Freiheit eines Menschen: es zeigt, wie frei er wirklich ist. Durch die Möglichkeit der Seele, Reifeprozesse in verschiedenen Inkarnationen zu erfahren, ist Karma nicht unbedingt das Gesetz von Ursache und Wirkung, da dieser Gedanke gleichzeitig Vergeltung und Bestimmung einschließt. Die altindische, vedische Lehre unterscheidet drei Arten von Karma:

Pralabd Karma

Das Karma, das man durch persönliche Entscheidungen im gegenwärtigen Leben schafft. Es zeigt die Grundstrukturen eines Schicksals, also mit welchen Mustern von Spannung und Ausgleich wir es in einer bestimmten Inkarnation hauptsächlich zu tun haben: Lernaufgaben der Liebe, der Gnade, des Loslassens von Aggression usw. *Pralabd Karma* resultiert natürlich symbolisch aus seelisch-geistigen Gewichtungen als Summe früherer Leben.

Viel zu selten denkt man an die Möglichkeit, daß ja jeder Mensch diese ererbte Schicksalsspur verändern kann, nämlich durch Selbsterkenntnis, vor allem das Erkennen des eigenen Schattens. Wir müssen Karma etwa so verstehen: als Herausforderungen in der Gegenwart - die wir in der Vergangenheit einmal selbst geschaffen und daher notwendig gemacht haben. Sie haben nur eine aber um so wichtigere Funktion: aus unserem kleinen Ich das wahre Selbst hervorbringen. Dieser perfekt funktionierende

Schicksalsmechanismus gleicht persönliche Entscheidungen des kleinen Ich an die Harmonie im Kollektiv sowie die Harmonie der Natur an. So ist Karma ein persönliches Strickmuster, um in Gnade und Demut reifen zu können. Das Prinzip als solches können wir durch Erkennen und Einlösen unter Berücksichtigung unseres freien Willens selbst gestalten. Voraussetzung bleibt jedoch die Überwindung der bewußtseinsbedingten Aufspaltung aller Erscheinungen in polare Gegensätze. Die Natur kennt keine solchen Polaritäten. Sie werden von uns projiziert, damit wir sie in uns verarbeiten und überwinden können.

Die von der 4 und dem Saturn regierte Dimension der Zeit ist ein wichtiger Faktor der von uns im Einklang mit dem 2-er Prinzip selbst erschaffenen Polaritäten. Diese Polaritäten müssen wieder in Einklang gebracht werden. Die Evolution spaltet und wertet nicht, Karma ist ein Prinzip der Gnade. Wann wir unser persönliches Schicksal lösen, schreibt kein Gesetz vor.

Kriyaman Karma

Die zweite Karmaform ist *Kriyaman Karma*. Sie bedeutet, daß wir das jetzt von uns geschaffene Karma erst später auszugleichen brauchen, wenn wir zur Zeit nicht die Reife besitzen, unser Tun und Denken sofort zu verstehen, einzusehen und zu lösen. In den meisten Fällen wird dieser Aufschub unbedingt gebraucht, damit wir uns weiterentwickeln können, bis wir die Wirkungen der von uns geschaffenen Ursachen verarbeiten und die in ihnen sich manifestierenden Lernprozesse nachvollziehen können. *Kriyaman Karma* bezeichnet die Gnade, daß von uns nur Einsichten und Entwicklungsschritte verlangt werden, die wir leisten können. Unser Bewußtsein muß mit den Wirkungen der von uns geschaffenen Ursachen aktiv mitschwingen und sich infolgedessen in einem weiteren Entwicklungsschritt wandeln können. Das Gesetz des *Kriyaman Karma* widerspricht der landläufigen Interpretation, die Karma mit fühlloser, mechanischer Vergeltung gleichsetzt und nicht in Betracht zieht, daß die Schöpfung ihre eigenen Geschöpfe liebt.

Durchschaut der Mensch ein negatives, lebensbestimmendes Muster, das ihn lange Zeit eingeengt und in seiner Entwicklung gehemmt hat, so wird diese Erkenntnis in die Zusammenhänge seiner Konditionierung das Problem transformierend durchleuchten. Das Muster wird nicht länger gebraucht, und auf die damit verbundene Erfahrung kann man verzichten.

Erkenntnis transformiert alle Lebensbereiche: schlechte, das Immunsystem schwächende Eßgewohnheiten nicht weniger als für Liebe und Partnerschaft. Das sich über lange Zeiträume wiederholende negative Muster löst sich auf der Stelle auf, wenn wir es als solches erkennen. Wir hören dann schlagartig auf, es auf Partnerin oder Partner zu projizieren. Wir haben es neutralisiert, und zwar nach dem Spiegelprinzip der Selbsterkenntnis, das besagt: was ich dem anderen vorwerfe, ist im Grunde mein eigener Schatten. Anders ausgedrückt bedeutet *Kriyaman Karma*: Das Problem wird sich ewig wiederholen, bis ich endlich die Verantwortung dafür übernehme

Die Schöpfung gibt dem Menschen Zeit zu seiner freien Entfaltung. Was ich heute an Karma verursache werde ich unter Umständen erst sehr viel später, ja vielleicht auch gar nicht einlösen müssen - vorausgesetzt, ich habe in der Zwischenzeit seine Mechanismen verstanden, durchleuchtet und damit seelisch integriert.

Sinchit Karma

Hier wird auf eine Reserve an Karma angespielt, welches sich in der gegenwärtigen Existenz nicht auswirkt, obwohl wir es aus vergangenen Inkarnationen mitbringen. Es handelt sich um besondere Schicksalsschläge, die in der richtigen Dosierung zum richtigen Zeitpunkt die richtige Veränderung herbeiführen. Wir können unmöglich alle Verwicklungen aus allen Leben in einer einzigen Existenz einlösen. Wir können allerdings die Frucht des Schicksals voraussehen, indem wir das Spektrum unserer bewußten Wahrnehmung und Erkenntnis erweitern.

Karma im Numeroskop

Das Numeroskop zeigt die vorherrschenden Bindungen, Wünsche, Anlagen, Talente, Probleme und Potentiale an. Wir sollten spirituelles Wachstum so verstehen, daß wir nicht immer und ausschließlich versuchen, "das Beste aus einer Situation zu machen", sondern daß wir auch lernen, die kosmischen Gesetzmäßigkeiten respektvoll anzuerkennen und uns ihnen mit tiefem Vertrauen in ihre verwandelnde Kraft überlassen.

Die grafischen Aspekte im Numeroskop wie Trigone, Oppositionen oder die Kombination bestimmter Elemente repräsentieren die aus der Vergangenheit ererbten geistigen Strukturen und Konditionierungen. Damit zeigt das Numeroskop uns als den Menschen, zum dem wir infolge unserer Gedanken, Worte, Gefühle und Taten geworden sind. Es offenbart sehr alte und tiefsitzende Strukturen, die sich nicht durch oberflächliche Eingriffe wegdrücken lassen. Ein bißchen "esoterische Kosmetik" hilft nicht viel, ganz gleich mit welchem System wir zu diesem Zweck spielen mögen. Wir haben oben *Pralabd Karma* mit "Schicksal" übersetzt. Was bedeutet dieses Wort eigentlich, wo kommt es her? Aus zwei Wurzeln: einem deutschen Wortstamm, der etwa im Verbum "schicken" erhalten ist und dem lateinischen Wort "salus", das *gesund*, *ganz* und *heil* bedeutet. Also ist *Schicksal* etwas, "das dem Menschen zu seiner Gesundung, Ganzwerdung und seinem eigenen Heil geschickt wird".

Dieses persönlich erzeugte Schicksal bildet die Grundlage jeglicher Selbsterkenntnis mit dem letztendlichen Ziel der Einswerdung, der Rückbindung an die Natur des Seins, der Schöpfung. Dagegen braucht man sich nicht unbedingt zu wehren, denn es kann nichts Schlechtes sein und auch nichts Böses. Der indische

Weise Shri Yukteswar drückt es folgendermaßen aus: "Ein Kind wird an dem Tag und zu der Stunde geboren, wenn die himmlischen Strahlungen in mathematischer Harmonie mit seinem individuellen Karma stehen. Sein Horoskop ist ein herausforderndes Porträt, das seine nicht änderbare Vergangenheit und seine möglichen zukünftigen Resultate enthüllt. Stärkere Kräfte jedoch sind göttlicher Schutz und eigenes Tun, um so von der Schöpfung Unterstützung zu empfangen."

Der Karmapunkt

Der Karmapunkt zeigt das Verwirklichungspotential eines Menschen an und veranschaulicht deshalb, in welchen Daseinsbereichen man unter Berücksichtigung der Summe seines Karmas aus früheren Existenzen in dieser Existenz Erlösung finden kann. Der Karmapunkt, das ist der für die astrologische Deutung wichtige aufsteigende Mondknoten. In der hermetischen Numerologie müssen wir wissen, in welchem Sternzeichen sich der aufsteigende Mondknoten im Augenblick der Geburt befand.

Der Karmapunkt legt sozusagen den karmischen Rahmen fest, in dem sich unser Persönlichkeitstypus entwickeln kann. Wenn wir den Persönlichkeitstypus mit einem Samenkorn vergleichen, ist der Karmapunkt der Nährboden, die Grundlage und Ausgangsbedingung für unser Wachstum. Guter Mutterboden fördert es, karger, steiniger Grund hingegen hemmt.

Die folgende Tabelle zeigt das Zeichen aller Karmapunkte vom 21. November 1897 bis zum 31. Dezember 1999. Ist das Geburtsdatum auf den Tag genau mit dem Wechsel des Sternzeichens identisch, sollte man den Mondknoten astrologisch exakt berechnen lassen. In diesem Fall bestimmt die Geburtsstunde, ob er in dem einen oder schon im anderen Sternzeichen liegt. Oder die Geburtsdaten mit Geburtsort und Angabe der exakten Geburtszeit einfach an den"Numerologie-Leserservice"senden. Die Adresse ist am Ende des Buches abgedruckt. Wir können die im Karmapunkt angedeuteten Kräfte zur aktiven Gestaltung unseres Lebens berücksichtigen, "mit ihnen arbeiten", wie es so schön heißt. Fehlt es dazu an Kraft oder Bewußtheit, wird das Leben das Thema an uns herantragen, so daß wir ihm in unserer persönlichen Umwelt bei den Eltern, den Partner und in sozialen Bezugsgruppen begegnen.

Karma-Punkte

- vom 21. 11. 1897 bis zum 31.12. 1999 -

Geburtstage im Zeitraum:			Karma-Punkt
21. November	1897 - 09. Juni	1899	Steinbock
10. Juni	1899 - 31. Dezember	1899	Schütze
01. Januar	1900 - 28. Dezember	1900	Schütze
29. Dezember	1900 - 17. Juli	1902	Skorpion
18. Juli	1902 - 04. Februar	1904	Waage
05. Februar	1904 - 23. August	1905	Jungfrau
24. August	1905 - 13. März	1907	Löwe
14. März	1907 - 29. September	1908	Krebs
30. September	1908 - 18. April	1910	Zwillinge
19. April	1910 - 07. November	1911	Stier
08. November	1911 - 26. Mai	1913	Widder
27. Mai	1913 - 13. Dezember	1914	Fische
14. Dezember	1914 - 02. Juli	1916	Wassermann
03. Juli	1916 - 19. Januar	1918	Steinbock
20. Januar	1918 - 09. August	1919	Schütze
10. August	1919 - 26. Februar	1921	Skorpion
27. Februar	1921 - 15. September	1922	Waage
16. September	1922 - 04. April	1924	Jungfrau
05. April	1924 - 22. Oktober	1925	Löwe
23. Oktober	1925 - 12. Mai	1927	Krebs
13. Mai	1927 - 28. November	1928	Zwillinge
29. November	1928 - 18. Juni	1930	Stier
19. Juni	1930 - 06. Januar	1932	Widder
07. Jan.	1932 - 25. Juli	1933	Fische
26. Juli	1933 - 12. Februar	1935	Wassermann
13. Februar	1935 - 01. September	1936	Steinbock
02. September	1936 - 21. März	1938	Schütze
22. März	1938 - 09. Oktober	1939	Skorpion
10. Oktober	1939 - 27. April	1941	Waage
28. April	1941 - 15. November	1942	Jungfrau
16. November	1942 - 03. Juni	1944	Löwe

04. Juni	1944 - 23. Dezember	1945	Krebs
24. Dezember	1945 - 11. Juli	1947	Zwillinge
12. Juli	1947 - 28. Januar	1949	Stier
29. Januar	1949 - 31. Dezember	1949	Widder
01. Januar	1950 - 17. August	1950	Widder
18. August	1950 - 07. März	1952	Fische
08. März	1952 - 02. Oktober	1953	Wassermann
03. Oktober	1953 - 12. April	1955	Steinbock
13. April	1955 - 04. November	1956	Schütze
05. November	1956 - 21. Mai	1958	Skorpion
22. Mai	1958 - 08. Dezember	1959	Waage
09. Dezember	1959 - 03. Juli	1961	Jungfrau
04. Juli	1961 - 13. Januar	1963	Löwe
14. Januar	1963 - 05. August	1964	Krebs
06. August	1964 - 21. Februar	1966	Zwillinge
22. Februar	1966 - 10. September	1967	Stier
11. September	1967 - 03. April	1969	Widder
04. April	1969 - 15. Oktober	1970	Fische
16. Oktober	1970 - 05. Mai	1972	Wassermann
06. Mai	1972 - 22. November	1973	Steinbock
23. November	1973 - 12. Juli	1975	Schütze
13. Juli	1975 - 29. Dezember	1976	Skorpion
30. Dezember	1976 - 19. Juli	1978	Waage
20. Juli	1978 - 05. Februar	1980	Jungfrau
06. Februar	1980 - 25. August	1981	Löwe
26. August	1981 - 14. März	1983	Krebs
15. März	1983 - 01. Oktober	1984	Zwillinge
02. Oktober	1984 - 20. April	1986	Stier
21. April	1986 - 08. November	1987	Widder
09. November	1987 - 28. Mai	1989	Fische
29. Mai	1989 - 15. Dezember	1990	Wassermann
16. Dezember	1990 - 04. Juli	1992	Steinbock
05. Juli	1992 - 21. Januar	1994	Schütze
22. Januar	1994 - 11. August	1995	Skorpion
12. August	1995 - 27. Februar	1997	Waage
28. Februar	1997 - 17. September	1998	Jungfrau
18. September	1998 - 31. Dezember	1999	Löwe

Die Karmapunkte und ihre Funktion

Das Zeichen des Karmapunktes ist gewissermaßen der "Ariadne-Faden", die Spur, der unsere Seele in dieser Inkarnation nachfolgt. Das heißt, es verweist auf die in diesem Leben zu bewältigenden karmischen Lektionen, die das Ich dem Selbst näherbringen. Mit jedem Wort und jeder Tat in Übereinstimmung mit den Prinzipien unseres Karmapunktes kommen wir auch der Erfüllung unserer tieferen Lebensaufgabe ein Stück näher und fühlen uns wahrscheinlich unwillkürlich ganzer, runder - im Einklang mit uns selbst. Wir spüren mit untrüglicher Gewißheit, daß wir vom großen, ganzen Universum nicht getrennt und von seinen Kräften nicht abgeschnitten sind. Vielmehr "wissen" wir nun, daß wir mit unserem Dasein tief in die Wahrheit des "Wie oben, so unten, wie innen, so außen" eingebettet sind.

Mit dem Karmapunkt oder Mondknoten stellt sich die Individualseele in die Zeit, denn sie hat sich ja einen ganz bestimmten Zeitpunkt für die Geburt gewählt und damit die Gegebenheiten festgelegt, die sie zu ihrer Weiterentwicklung braucht. Außerdem offenbart er die jetzt zur Wirkung drängenden Ursachen aus der letzten oder einer früheren Inkarnation *(Pralabd Karma). Für* das Numeroskop ist er folgerichtig von großer Bedeutung.

Karmapunkt Widder

Mehr als jedes andere Zeichen strebt der Widder im Grunde nach Selbstbestimmung und die Durchsetzung eigener Werte. Paradoxerweise wird diese zuerst über das Lob und die Anerkennung durch andere zu verwirklichen gesucht; doch das ist nur ein Rückfall in das alte karmische Muster der Fremdbestimmung. Besser wäre, sich mehr mit dem wahren Ich zu identifizieren, auf die eigenen tieferen Bedürfnisse zu lauschen. Gerade davon aber lenken die Wünsche und Meinungen der anderen das Ich nur noch mehr ab.

Der Karmapunkt im Widder zeigt den Zwang an, sich mit anderen zu vergleichen. Man ist permanent auf der Flucht vor sich selbst. Auf einen Punkt gebracht lautet die Lebensaufgabe: mehr Durchsetzungsvermögen. Es gilt, die eigenen Ansprüche einzulösen, ohne andere damit schmeicheln oder verletzen zu wollen. Gib die Gewohnheit auf, dir nur Leute und Lebensumstände auszusuchen, die dir passen. Versagte Anerkennung für große Leistungen läßt sich nicht dadurch kompensieren, daß man überall nach Anerkennung sucht. Wer immer nur ausgleichen und alle Widersprüche vereinen will, wird sein verletzliches Ich schließlich ganz verlieren. Die Lösung dieses Konfliktes lautet: hingebungsvoll dienen ohne Erwartung einer Gegenleistung, geistiges Wachstum ausgenommen. Widerstände, wie die Sucht nach Bestätigung, können dann gar nicht erst aufkommen.

Die Labilität und Gutgläubigkeit der ersten wird in der zweiten Lebenshälfte durch Einsicht und Harmonie abgelöst. Man lernt, den eigenen Schatten anzunehmen, und kann infolgedessen auch einen festen Standpunkt vertreten. Jede Aktion löst eine Reaktion aus. Dieses Gesetz wird endlich akzeptiert.

Unter der Herrschaft dieses Aspekts erreicht der Mensch Kreativität, geistiges Wachstum und Gesundheit nur durch längere Ruhephasen der Kontemplation und Abgeschiedenheit. Indem er die Umwelt wie einen Spiegel auf sich wirken läßt, befreit er sich von ihrem unverhältnismäßigen Einfluß.

Karmapunkt Stier

Zu lernen ist, wie man dem Leben, vor allem Sexualität, Partnerschaft und den Besitzverhältnissen, eine gewisse Festigkeit und Stabilität verleihen kann. Diese Aufgabe leitet sich aus den Fehlern früherer Existenzen her, als man versuchte, die Umwelt mit den Mitteln der Magie und anderen gewaltsamen Eingriffen möglichst absolut zu kontrollieren oder, wenn dies nicht möglich war, eben gewaltsam zu zerstören. Unter der Einwirkung des Mondknotens im Stier lebt der Mensch unter der Angst, daß ein anderer ihm/ihr die sexuelle Ausdrucksfähigkeit, den Partner oder die materiellen Güter wegnimmt.

Gefragt sind neue Lebensstrategien. Diese jedoch lassen sich nur langsam und allmählich entwickeln, und man tut gut daran, alle äußeren Einflüsse und Einwirkungen als Projektionen des eigenen Unbewußten zu betrachten. Ein vielleicht übermäßig anhänglicher, ja besitzergreifender Mensch, der immer noch seine aus vergangenen Existenzen ererbten Muster ausagiert und mit allen Mitteln um die Dinge kämpft, die er immer noch zu verlieren fürchtet.

Am besten, man verwandelt das starke sexuelle Verlangen in umfassende, kosmische Liebe zu allen fühlenden Wesen. Auch wenn man ständig befürchtet, etwas Wichtiges zu verpassen, sollte die Lektion für dieses Lebens nicht aus den Augen verloren werden: Ohne Anhaften Geben und Nehmen, so daß es gar nicht erst zu persönlichen Verstrickungen kommen kann. Nach Vollendung dieser Aufgabe, wird man mit allem Irdischen und Naturgegebenen zwanglos schöpferisch umgehen können.

Karmapunkt Zwillinge

Dieser Aspekt zeigt dem Menschen den richtigen Weg zu Anpassung und gesellschaftsgerechtem Verhalten.

Der Karmapunkt in den Zwillingen läßt jede Art von Autorität als lästige Einengung empfinden, so daß man nach Mitteln sucht, diese mit unglaublichem Einfallsreichtum und gehöriger Zungenfertigkeit zu überlisten. Normen, was sind sie, wenn nicht lästige Beschneidungen der eigenen Freiheit! Der Freiheitsdrang aber führt indirekt geradewegs in die geistig-seelische Überlastungen. Die vielen Interessen lassen sich nur schlecht miteinander vereinbaren. Infolgedessen kann und will man sich nicht gern verbindlich festlegen. All dies natürlich sind aus der Vergangenheit übernommene Verhaltensmuster. Dieser Mensch war im vergangenen Leben weder taktvoll, noch höflich noch kooperativ.

Dieser Mondknoten jedoch wird ihn zwingen, immer gleich beide Seiten einer Erfahrung auszukosten, um vom Unverbindlichen endlich zu einer normalen Form der Verbindlichkeit zu gelangen. Gesellschaftlicher Aufstieg ist nur über die entsprechenden Umgangsformen, die Verfeinerung des sprachlichen Ausdrucks und die Aufrichtigkeit des Denkens möglich. Man kann nicht nach Lust und Laune von einer Meinung zur nächsten pendeln. Vielmehr sind Festigkeit und Verläßlichkeit gefragt.

Man ist trotz seiner Tendenzen karmisch nicht sonderlich vorbelastet und wirkt infolgedessen eher unschuldig, ganz gleich welche Fehler man auch begehen mag. Die Lebensaufgabe lautet, die legitimen Rechte der anderen nicht wie in früheren Leben als autoritäre Beschneidung der eigenen Freiheit mißzuverstehen. Die eigenen Fähigkeiten finden in Kultur und Sprache ihren optimalen Ausdruck. Ferner besteht eine Neigung zu aktivem Sport. Spirituelle Dinge liegen ihm/ihr eher fern und sollten deswegen nicht näher beachtet werden.

Karmapunkt Krebs

Eine stolze, selbstbewußte Seele, daran gewöhnt, überall respektiert und anerkannt zu werden.

Dieser Mensch hat in früheren Inkarnationen verbissen um Ruhm und Ehre gekämpft. Nein, leicht zugefallen ist ihm die Anerkennung der anderen auch damals nicht. Jetzt aber geht es darum, selbstlos etwas zu leisten, ohne auf den Lohn zu schielen. Gelernt werden soll, zu geben und andere zu versorgen - für ihn eine ganz neue Vorstellung und mit einigen inneren Widerständen verbunden, die sich hauptsächlich in peniblem Abwägen äußern. Nur nicht zu viel geben, bloß immer wieder aufrechnen, ganz gleich ob es sich um Gedankenaustausch, Gefühlsbeziehungen oder materielles Engagement handelt. Wie schwer fällt die Einsicht, daß das Göttliche die vorbehaltlos Liebenden grenzenlos segnet, wie geradezu unüberwindlich das Vorurteil, daß jede Gabe eine Gegenleistung nach sich ziehen muß.

Man läßt Gefühle kaum zu und findet bei eigenen Sorgen so gut wie keinen seelischen Beistand, was zum großen Teil an übersteigerten Ansprüchen liegt. Toleranz bei Fehlern und Unstimmigkeiten sind der erste Schritt. Nicht mehr selbstgerecht sein, und sich selbst infolgedessen auch nicht mehr überfordern, ohne Angst vor Entgleisungen. Natürlich, wer hart ausgeteilt hat, wird einiges einstecken müssen. Trotzdem versteht man Kritik am besten konstruktiv, denn sie reißt ja die Mauern ein, die ursprünglich zwar vor Verletzungen schützen sollten, sich dann aber selbst in Verletzungen verwandelten.

In der Partnerschaft lernt man den weiblichen Part zu spielen, damit man ihn später aus eigener Erfahrung allen Menschen zu vermitteln vermag. Geld spielt selbst in diesem Leben eine wichtige, wenn auch verdeckte Rolle. Grund ist der südliche Mondknoten im Steinbock, dem Zeichen der großen Geschäfte aus dem früheren Leben. Auch in diesem Bereich ergeben sich klare Veränderungen.

Karmapunkt Löwe

Ein Mensch, der seine Angelegenheiten gern selbst regelt und sich trotzdem nach echten Freunden sehnt, die ihm/ihr zur Seite stehen, wenn man wieder einmal "Berge versetzen möchte". Der Mondknoten im Löwen zeigt enorme Willensstärke und großen Kampfgeist an.

Fairneß wurde in früherer Inkarnation erworben. Man ist wie von selbst ein guter Kumpel, eine echte Freundin, denn geradezu überwältigend der Wunsch, die Menschen möchten zusammenfinden und ihre gemeinsamen Interessen auch gemeinsam wahrnehmen. Trotzdem fühlt man sich häufiger einsam, wenn die Demonstration der eigenen Macht sich nicht vermeiden ließ. Solche Perioden des Alleinseins sollte man nutzen, sich selbst und den anderen wirklich zu verzeihen.

Die unvorstellbar großen geistigen Energien der Sonne werden unweigerlich das Selbstbewußtsein steigern. Trotzdem läßt man sich ungern etwas sagen, aus Angst vor einem Verlust der eigenen Herrschaft. Die Neigung zum undisziplinierten Verschwenden der eigenen Kräfte führt manchmal zur Nachlässigkeit. Als Mensch, der viel zu geben hat, sollte er seine Energieschübe zum Wohl der anderen einsetzen.

In der Mitte des Lebens kommt man zu materiellem Wohlstand, der dazu verleiten könnte, sich abermals von den übrigen Menschen abzukapseln. Souveränität und Unabhängigkeit ist für ihn in diesem Leben allerdings besonders wichtig, weil über die Bewußtwerdung seiner Möglichkeiten sein Selbstvertrauen zurückgewonnen werden soll. Ohne Selbstvertrauen keine Freundschaften und schon gar kein beruflicher Erfolg! So mißt man sich nur an großen Zielen.

Zum Beispiel Gleichberechtigung oder Versöhnung, die aus Feinden Freunde macht. Man hat seine größten Erfolge bei der Unterstützung der Mitmenschen. In früherer Existenz mußte man sich seine Einzigartigkeit erkämpfen. Jetzt kann diese sich im Spiel des Lebens frei entfalten.

Karmapunkt Jungfrau

Das Zeichen des karmischen Ausgleichs! Gerechtigkeit in der Gesellschaft wie im individuellen Leben, Mitgefühl für die Schwachen, Verständnis für menschliche Schwächen, ein tief empfundener Schmerz über die Zerstörung der Lebensgrundlagen auf der Welt - alles fühlt man hautnah.

Zu den wichtigsten Lebensaufgaben gehört die Entwicklung analytischen Unterscheidungsvermögens: man lernt, daß Mit-Fühlen nicht Mit-Leiden bedeutet. Aus der Gutmütigkeit der letzten Fische-Inkarnation mit ihrem Lebensmotto "Helfen und Heilen" wurde die Tendenz ererbt, sich schnell Schuldgefühle übertragen zu lassen.

Eine derartige Prädisposition der emotionalen Grundstruktur bedarf des Ausgleichst durch Verstand und Analyse. Man muß feststellen, was angebracht ist und was nicht, unabhängig von der Meinung anderer. Kurz: man muß bei allem Mitgefühl auch einmal "Nein" sagen können. Optimal ist diese Konstellation für Heil- und Therapieberufe, da hier die Sensitivität und Einfühlsamkeit der Fische mit dem Wunsch, auch geistige Prinzipien der Heilung hinzukommen zu lassen, verschmolzen werden kann.

Mit dem Mondknoten in der Jungfrau ist der Mensch zumeist kritikfähig und äußerst diszipliniert, denn er hat es früher nie verstanden, seine Ziele konsequent bis zur Verwirklichung zu verfolgen. Mit den spitzen Pfeilen seiner Kritik will er also auf die Gefahren hinweisen, die er aus eigenen vergangenen Erfahrungen kennt: nur nicht vom Ziel abkommen! Der Weg dorthin führt über Berechenbarkeit und Etappen-Erfolge, während der endgültige Erfolg die gewünschte Bestätigung für die innere Vision schenkt.

Ein Mensch, der Kleinigkeiten sehr ernst nehmen kann. Von seiner Grundstruktur gleicht er einem riesigen Uhrwerk, das ständig in Schwung gehalten und "kontrolliert" werden will. Von allen Zeichen eignet sich die Jungfrau am besten für die Reparatur jeder kleinsten Ungenauigkeit.

Karmapunkt Waage

Zwischenmenschliche Beziehungen sind das Lebensthema.

Es steht der Ausgleich zur letzten Inkarnation an, die unter dem Zeichen Widder und dem Motto stand: "Zuerst komm ich, und der Beste bin ich allemal!" Die Ich-Energien werden in den Hintergrund gestellt, und man verhilft dem Partner zu größerem Selbstvertrauen. Man fühlt sich nicht permanent gefordert, alles selbst zu tun und zu erreichen. Ideal zur Förderung der eigentlichen Lebensaufgabe sind Gemeinschaftsprojekte, bei dem die Partner gleiche Rechte und Pflichten wahrnehmen, ihr Einfluß also gleichmäßig verteilt ist.

Dieser Mensch kann ein Licht für den Partner sein, wenn er sich selbst im anderen entdeckt und lernt, ihn nicht zur Erhöhung des Ich zu mißbrauchen. Der Mondknoten in der Waage stärkt das Beste im Charakter.

Karmapunkt Skorpion

Unter der Wirkung des Mondknotens im Skorpion wird hartnäckig um den Besitz von Geld und Wissen gekämpft - und um andere Menschen.

Man macht es sich gern schwer und fühlt sich oft als Märtyrer, will andere, aber nicht sich selbst ändern. In der zweiten Hälfte brechen Karriere und Partnerschaft unter der Last zwanghafter und kostspieliger Selbstdarstellung vielleicht völlig in sich zusammen. Es kommt zur Katastrophe.

Der Skorpion repräsentiert Tod und Wiedergeburt. Es ist, als habe man geistigen und materiellen Besitz nur erworben, um ihn wieder loszulassen. Die Spannung zwischen Tod und Wiedergeburt zwingt den Menschen alles Liebgewonnene aufzugeben. Nur das Selbst bleibt bestehen, der einzige "Besitz".

Das Ziel dieser Inkarnation ist die Begegnung mit dem Selbst auf der tiefsten Ebene der Wirklichkeit. Es geht darum, im Tod das Leben zu erkennen.

Karmapunkt Schütze

Lebensthema ist die ehrliche und aufrichtige Selbstdarstellung. Man sollte die eigene Individualität in allen ihren kleinen, normalen Schwächen erfahren - leben wie "ein Mensch wie du ich" und trotzdem zentriert und kraftvoll. Was angelernt und antrainiert, aber selbst nicht praktisch erfahren wurde, ist abzulegen. Zwar möchte man das eigene Potential voll ausschöpfen, das Leistungsvermögen zum Höchstmaß steigern, aber dies geht nur aus authentischer Kraft.

Unter der Einwirkung des Mondknotens im Schützen versucht der Mensch Gruppenerfahrungen zu individualisieren und zum Teil als seine eigenen auszugeben. Die Universalität des Schützen steigt in den Alltag "hinab", um "normal" zu werden. Konkret bedeutet dies, Erwartungen und Wünsche aufzulösen - sich vollkommen "leer" machen, um den Gruppengeist zu erfahren. Ein reger Gedankenaustausch über philosophische und spirituelle Fragen transzendiert die gewöhnlichen Schranken und Mauern, die tieferes Verständnis aussperren.

Die größte Aufgabe besteht für diesen Menschen in der Suche und Realisierung des höheren Wissens, um dieses für andere transparent zu machen.

Karmapunkt Steinbock

Hier gilt es, "reif" und geistig-seelisch wie äußerlich wirklich erwachsen zu werden.

Menschen mit diesem Mondknoten verstehen sich selten oder nie mit den Eltern, gerade weil sie das Kindsein im letzten Leben zu sehr ausgekostet haben. So gehört die Auflösung von allen Bindungen an das Elternhaus und vor allem den Vater zu den großen Aufgaben dieser Existenz. Erwachsensein hat viel mit "Wach-Sein" zu tun, mit aktiver Beteiligung. Man führt andere Menschen, anstatt sich in kindischer Regression treiben zu lassen. Aus der Angst vor dem Rückfall in das Kindsein resultiert die Lebensstrategie, möglichst alles methodisch zu planen und aus eigener Anstrengung zu erwerben oder zu meistern.

Daraus ergeben sich in den meisten Fällen rege und erfolgreiche Geschäfte. Materielle Reichtümer werden angehäuft, hinter denen man mit Vorliebe die eigene Verletzlichkeit versteckt.

Aus dieser Grundspannung läßt sich die Lebensaufgabe ableiten: Vollkommen erwachsen und selbständig werden, dabei aber das "Kind" im Erwachsenen zu respektieren. Sind die scheinbaren Gegensätze miteinander versöhnt, entfallen alle Kompensationszwänge wie von selbst.

Karmapunkt Wassermann

Sinnbild des Wassermanns ist der Wasserträger. Er symbolisiert soziales und spirituelles Engagement für die Gemeinschaft.

Aus früherer Inkarnation wurde ein starkes, nach Dominanz strebendes Ich mitgebracht, das nun die entgegengesetzte Erfahrung machen möchte. Das spirituelle Erbe läßt sich gleichermaßen zum eigenen und zum Nutzen anderer verwerten. Die Lebensaufgabe lautet: Verzichte auf Herrschaftsansprüche, betrachte dich nicht als den Nabel der Welt - oder gar das geistige Zentrum des Universums.

Ein offener Geist mit viel Fingerspitzengefühl, der mit vielen Menschen aus den unterschiedlichsten Gruppen und sozialen Schichten zusammenkommt, was positive und negative Folgen für den eigenen Charakter haben kann. Entweder man transzendiert im Kontakt das Ich oder wird in völlige Isolierung zurückgeworfen, wenn die Kraft zu eben dieser Transzendierung fehlt. Natürlich wäre auch dies nur ein Übergangsstadium, denn das Eremitendasein des ewig Gekränkten wird schließlich die unterschwelligen Muster der Sucht nach persönlichem Ruhm und persönlicher Macht ebenfalls bewußt machen.

Lebensziel sollte sein, sich über die Kontemplation über das "Wasser des Lebens" in einen "Kanal" für andere Suchende zu entwickeln und ihnen uneigennützig zu dienen. Dann wird man selbst geistig sehr schnell wachsen.

Karmapunkt Fische

Karmische Zusammenhänge aufklären, bewerten und einordnen - so lautet hier das Lebensmotto.

Die penible Genauigkeit und teilweise scharfzüngige Analyse (bedingt durch des südlichen Mondknotens in der Jungfrau) macht gelegentliche oder sogar häufige Konfrontationen mit der Umwelt unvermeidlich. Zeiten der Isolation wechseln mit Phasen intimen Zusammenseins in einer kleinen Gruppe. Es gilt, die Persönlichkeit und Urteilskraft zu stärken, damit man dem eigenen spirituellen Pfad um so gelassener folgen kann.

Sexuelle und emotionale Probleme dienen vielleicht der Auflösung überzogener Erwartungen und lehren, ohne Hoffnung auf Lohn von sich zu geben. Bei einer ungeraden Zahl im Grundtypus, neigt man auch weiterhin zu Macht- und Kontrollstreben. Weibliche oder gerade Zahlen lassen auf eine Überwindung dieser Tendenz schließen und repräsentieren die Fähigkeit zu aufopferungsvollem Handeln.

Die Lehre: Bewußt und mutig jede sich bietende emotionale Herausforderung akzeptieren und mit gutem Willen reagieren. Einander ergänzend, schenken Sachlichkeit und Mitgefühl eine natürliche (und keine zwanghafte) Selbstkontrolle, die keine karmischen Folgen mehr zeitigt.

Schicksalszahlen

Wir möchten aber nicht nur wissen wie sich die Energien in unserem Leben entwickeln, sondern auch, wann entscheidende Entwicklungen anstehen. Und mit welchen Energien sie uns dann konfrontieren.

Deshalb ist der nächste Schritt in der Numerologie das Aufschlüsseln des Geburtsdatums, um wichtige Lebensabschnitte und Wendezeiten zu ermitteln.

Beispiel: 24. 3. 1948 = 4/31 Typus, Karmapunkt im Stier.

In unserem Beispiel sind Grund- (4) und Persönlichkeitstypus (4/31) im Alter von 31 Jahren erreicht. Ein Persönlichkeitstypus 0/28 wird demnach im Alter von 28 erreicht. Beinahe jeder (95% der Fälle) erlebt mit dem Erreichen seines Typus große berufliche, partnerschaftliche, gesundheitliche oder andere Veränderungen. In den restlichen 5% der Fälle geschieht dieser grundlegende Wandel ein Jahr früher oder später.

Aber es gibt auch vor und nach Erreichen des Typus Jahre, in denen sich viel in unserem Leben bewegt.

Grundlage zur Berechnung der Schicksalszahlen ist das Geburtsdatum, das Zahl um Zahl **von rechts nach links** aufaddiert wird, wobei wir nach jeder Addition eine Summe bilden. Dann wird die nächste Zahl addiert. Das Ergebnis jeder Summenbildung notieren wir uns: Wir notieren zuerst die 8, addieren 4 und notieren die Summe 12. Zu der 12 addieren wir die 9 und notieren die Summe 21. Zu der 21 addieren wir die 1 und notieren die Summe 22 usw., bis alle Zahlen des Geburtsdatums aufaddiert sind. Mit der letzten Addition erhalten wir natürlich wieder die Quersummel des Geburtsdatums, also unseren Persönlichkeitstypus.

Es gibt auch nach Erreichen des Typus noch Veränderungen im Leben, die dann aber rhythmisch verlaufen.

Unser Beispiel: 24. 3. 1948, Typus 4/31

$$
\begin{array}{rl}
 & 8 \\
8 + 4 = & 12 \\
12 + 9 = & 21 \\
21 + 1 = & 22 \\
22 + 3 = & 25 \\
25 + 4 = & 29 \\
29 + 2 = & 31
\end{array}
$$

Mit 31 wird der Typus 4/31 erreicht. Danach ergeben sich in unserem Beispiel die Schicksalszahlen im Rhythmus des Persönlichkeitstypus. Wir addieren wiederum **von rechts nach links**:

$$
\begin{array}{rl}
31 + 1 = & 32 \\
32 + 3 = & 35 \\
35 + 4 = & 39 \\
39 + 1 = & 40 \\
40 + 3 = & 43 \\
43 + 4 = & 47 \\
47 + 1 = & 48 \quad \text{usw.}
\end{array}
$$

Wir addieren in diesem Rhythmus weiter, bis etwa das 80. Lebensjahr erreicht ist.

Ausnahmen: sie gibt es bei den Wandlungstypen: 1.) wenn im Geburtsdatum eine 0 erscheint; 2.) wenn der Grundtypus 0 ist; und 3.) wenn in der Quersumme I eine 0 erscheint (siehe dazu auch Seite 54). Es gilt für alle Wandlungstypen: Schicksalzahlen alle 5 Jahre ab Erreichen des Typus gelten als Zwischenrhthymus

Eine weitere Regelung: Bei den Zahlen 8 und 9 sind Zwischenrhythmusbildungen (4 und 4,5) erlaubt. Wir addieren statt der 8 zweimal die 4, statt der 9 zweimal die 4,5. Es gibt nämlich kaum ein Schicksal, daß 8 Jahre lang keinen neuen Impuls erfährt.

Schicksalszahl	Ereignisjahr	Grundschwingung
(Lebensalter)		(des Ereignisjahres)
8	1956	3
12	1960	7
21	1969	7
22	1970	8
25	1973	2
29	1977	6
31	1979	8 Typus 4/**31** erreicht
32	1980	9
35	1983	3
39	1987	7
40	1988	8
43	1991	2
47	1995	6
48	1996	7
51	1999	0
55	2003	5 usw.

Die erste Schicksalszahl haben wir mit 8 Jahren erreicht, also im Jahr 1956 (1948 + 8). In diesem Jahr werden wir mit der Energie dieser Jahreszahl konfrontiert.

Wir schlagen nun im Kapitel "Zahlenqualitäten" nach und finden die für die Quersumme dieses Jahres (1+9+5+6 = 21 = 3) entsprechende Zahlenanalogie, die 3.

Auch hier achten wir auf männliche und weibliche Zahlen. In unserem Beispiel haben wir im Jahr 1973 die Grundschwingung 2.

Die 2 weist darauf hin, daß wir das "Schicksal" auf uns zukommen lassen, also die Dinge nicht aktiv in die Hand nehmen. 1980, im Jahr der 9, sind wir dagegen aktiv und bewußt nach außen gerichtet. Betrachten wir unser Leben im Rückblick, ist es sehr interessant, die wichtigen Lebensabschnitte unter diesem Aspekt zu betrachten.

Hier drei weitere Beispeiele zur Schicksalszahlenermittlung:

16.9.1947, Typus 0/37
Wandlungstypus B

26.10.1943, Typus 8/26
Wandlungstypus A

7		3	
11		7	
15,5		16	
20		17	
21		18	
25,5		24	
30		26	Typus 8/26
36		31	(Zwischentypus)
37	Typus 0/37	36	Typus 9/36
42	(Zwischenrhythmus)	41	(Zwischentypus)
47	Typus 2/47	46	Typus 0/46
54	(endgültiger Typus;		(Schlußtypus)
58	bestimmt den weiteren		
60	Rhythmus der		
67	Schicksalszahlen)		
71			
73			
80			

24.07.1934, Typus: 3/30
(Wandlungstypus C)

4	
7	
11,5	(Zwischenrhythmus)
16	
17	
24	
28	
30	Typus 3/30 erreicht
35	(Zwischenrhythmus)
40	Schlußtypus 4/40

Einzel-Numeroskop

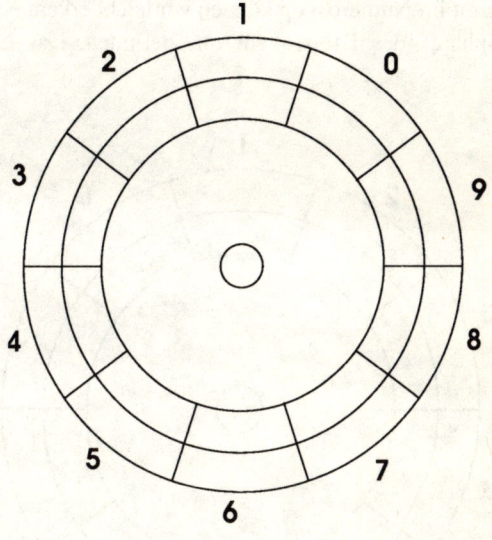

Das numeroskopische Bild

Das grundlegende numerologische "Erscheinungsbild" des Menschen ist durch seine Geburtszahlen geprägt. Es wird im Numeroskop dargestellt, einem Zahlenkreis, der sich in 10 gleich große Felder unterteilt. Die 1 steht am höchsten Punkt des Numeroskops, dem Plutopunkt, entgegen dem Uhrzeigersinn folgen dann 2, 3, 4, 5, 6, 7, 8, 9, und 0.

Durch die Verteilung der Zahlen des Geburtsdatums und der Geburtszeit im Numeroskop können wir leicht erkennen, in welcher "Sphäre" des Kreises wir uns befinden. Das heißt, die

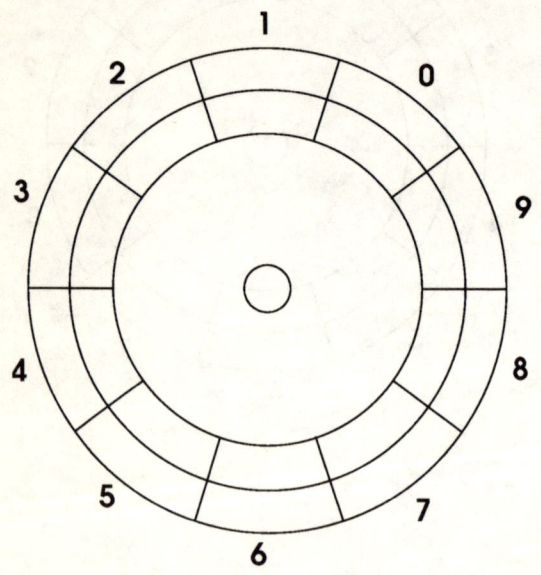

Numeroskopischer Zahlenkreis

Zahlenverteilung kann sehr unterschiedlich aussehen. Es gibt Numeroskope, in denen alle oder fast alle Felder mit einer Zahl besetzt sind, aber auch andere, wo sich die Zahlen in wenigen Feldern häufen. Im letzten Fall sind die Energien natürlich sehr geballt und extrem.

Die **Zahlenfelder** beschreiben Lebensabschnitte und persönliche Eigenschaften analog der entsprechenden Zahlenqualitäten. Diese Felder berühren sich einerseits durch die natürliche Abfolge der Zahlen von 1 - 0, andererseits bilden sie bestimmte Linienverbindungen (Aspekte) zueinander.

Die individuelle Verteilung der Geburtszahlen in den Feldern des Numeroskops entspricht den Spannungen und auszugleichenden Polaritäten in unserem Leben.

Durch die Übertragung der Geburtszahlen ins Numeroskop erhalten wir ein Bild von der statischen Natur, den mitgebrachten Anlagen eines Menschen. Hier ist sein Karma, das Grundgerüst, mit dem er umzugehen lernen muß, festgeschrieben. Die Zahlen im Anlagekreis sind das Rohmaterial, die Werkzeuge, die ihm zur Verfügung stehen. Dieses *Pralabd Karma* sind seine Grundelemente, einem rohen Steinklotz vergleichbar, der sich (durch Progression) ab erreichen des Typus zu einem Kunstwerk entwickeln kann.

Wir müssen zwar mit unseren Anlagen leben, aber unser freier Wille bleibt darüber hinaus unangetastet! Die Anlagen sind aber unsere "Mitgift" für diese Inkarnation.

Unser Beispiel:
Geburtsdatum: **24.3**.1944, **7:38** Uhr
Persönlichkeitstypus: 9/27

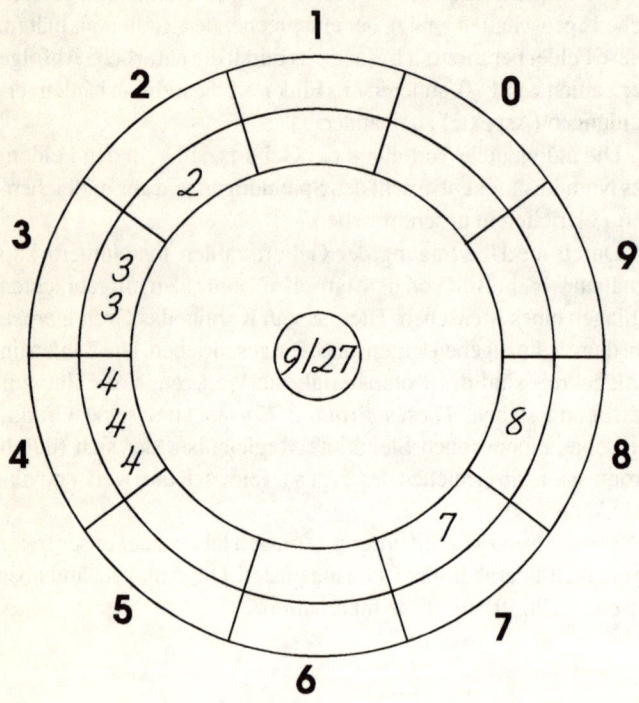

Siehe auch: Beispieldeutung auf Seite 241.

Die Sphären des Numeroskops

Das Numeroskop wird dargestellt, wie sich die Zahlen aus Datum und Geburtszeit im **Zahlenkreis** verteilen. Die Aufeinanderfolge bestimmter Zahlen läßt auch bestimmte Tendenzen erkennen, beispielsweise weist die Zahlenfolge 1 - 4 auf einen materiellen Schöpfungsprozeß von der Idee zur Verwirklichung hin.

Wir können das Numeroskop **senkrecht** in zwei Hälften teilen, in den Kreislauf des geistigen oder kosmischen Willens.

Die Zahlenfolge 1 - 6 symbolisiert eine unabhängig vom individuellen Geburtsdatum ausgehende Verwirklichungsrichtung vom Geistpol zum Kraftpol, d. h. vom obersten zum untersten Energiezentrum hin. Die Orientierung nach Außen.

Der Zahlenfolge 7 - 0 zeigt den umgekehrten Kreislauf vom untersten Chakra zum obersten geistigen Pol hin. Die Orientierung nach innen.

Aus der Verteilung unserer Geburtsdaten im Numeroskop läßt sich schon die energetische Verteilung unserer Anlagen zwischen dem stofflichen und feinstofflichen Bereich erkennen.

Die **waagerechte** Teilung in die untere Zahlenfolge 4-5-6-7-8, die die Materialisierung seelisch-geistiger Prozesse anzeigt: Lebenspraxis, Durchsetzung und der praktischen Bewältigung des Schicksals. Die praktische Seite des Menschen.

Und in die obere Zahlenfolge 9-0-1-2-3, die Ideale, Wünsche und Sehnsüchte des Menschen versinnbildlicht, hier soll der geistig-seelische Bereich erfüllt werden, die Schöpfung von Ideen. Die philosophische Seite des Menschen.

Die Numeroskop-Zeichnung

Um uns das numeroskopische Bild unserer Persönlichkeit (oder
der unseres Partners) anzusehen, tragen wir die Zahlen unseres
Geburtsdatums und der Geburtszeit in das Numeroskop ein und
müssen bei der Schreibweise der Daten folgendes beachten:
*   Datum: richtig: 3.10.48, falsch: 03.10.48 oder 3.10.1948.
    Die Jahrhundertzahl des Geburtsdatums wird nicht übertra-
    gen, sie ist hier nicht individuell genug.
*   Geburtszeit: Die Numerologie rechnet mit Zeiten von 1:00
    bis 12:59 Uhr. Wir schreiben 13:00 als 1:00 Uhr und 14:30 als
    2:30 Uhr.
*   Sommerzeitkorrektur: Ortszeit auf eventuelle Sommerzeit
    überprüfen (siehe Anhang: Sommerzeitkorrektur, S.253)
*   Die Geburtszeit geben wir so genau wie möglich an.
*   Zahlen, die mehrfach im Geburtsdatum vorkommen, werden
    auch mehrfach in das Numeroskop-Formular übertragen.
*   Dann übertragen wir die Zahlen in den Innenkreis (Anlage-
    kreis) des Numeroskops.

Zahlenhäufungen

Kommt eine Zahl mehr als einmal im Geburtsdatum vor, so hat
auch das einen Einfluß auf die Persönlichkeit.

Zahlenverdoppelungen verstärken die Natur der betreffenden Zahl. Zahlenverdoppelungen **ungerader Zahlen** wirken nach
außen. Hier besteht die Tendenz, das entsprechende Zahlenprinzip
ungeduldig bis aggressiv auf die Außenwelt zu projizieren.

Zahlenverdoppelungen **gerader Zahlen** wirken nach innen,
sie harmonisieren die Persönlichkeit.

Zahlenhäufungen, Drei- oder Mehrfachnennungen wirken sich karmisch aus: entsprechend dem Zahlenprinzip machen entweder einseitig oder hemmen die Entwicklung fast vollständig. Beispielsweise ein Geburtsdatum mit mehreren Einsen (1 = Ich, Ego, Zentralkraft des Wesens usw.)

* drei Einsen deuten auf Egozentrik und Dominanzstreben
* zwei Einsen deuten auf gezielte Durchsetzung persönlicher Interessen hin. (Verstärkung ins Außenleben projiziert).
* vier Einsen deuten auf einen kaum gesellschaftsfähigen Menschen, der einzig und allein darauf bedacht ist, sich und "seine" Welt zu behaupten.

Es ist also möglich, daß eine Zahl bei entsprechender Häufung einen sehr hohen Stellenwert bei der Deutung erhalten kann.

Aspekte

Aspekte sind Linienverbindungen, die Beziehungen zwischen den Zahlenschwingungen definieren. Aspekte können all die Zahlen miteinander eingehen, deren Felder mit Geburtsdaten besetzt sind, denn nur das sind aktive Felder. Dabei verbinden sich zwei oder mehrere Energien zu einer gemeinsamen Wirkung.

Die Numerologie arbeitet mit den folgenden Aspekttypen unterschiedlicher Wirkung.

* Opposition: Eine befruchtende Gegensatzspannung. Sie verweist auf die zu leistende Lebensaufgabe.

* Elemente-Verbindung: Hier treffen wir auf die Ebene des bereits Verwirklichten. Sie zeigt, auf welcher Entwicklungsstufe das Leben angegangen werden muß.

* Trigon: Eine Elemente-Verbindung wird um eine dritte Energie erweitert, entweder den Geist- oder den Kraftpol. Es sind stabilisierende Aspekte, die helfen, die geistige oder materielle Verwirklichung zu finden. Sie helfen, Ziele müheloser zu erreichen.

* Quadrat: Ein quadratisches Bild weist auf eine schwache Erdung hin, schwacher Kontakt zwischen Körper und Geist.

Die im Folgenden dargestellten Aspekte haben jedoch nicht dieselben Winkel wie die gleichnamigen Aspekte, wie sie aus der Astrologie bekannt sind.

Oppositionen (Polaritäten)

Das ganze Leben ist auf Polaritäten aufgebaut. Der Aspekt von Zahlen, die sich im Numeroskop polar gegenüberstehen, wird Polarität oder Opposition genannt. Die Oppositionen bilden ein Wechselverhältnis von männlichen und weiblichen Zahlen, den ursprünglichsten kosmischen Energiequalitäten.

Wie erklären sich nun die grundsätzlichen 5 Oppositionen, oder, physikalisch ausgedrückt, die geraden weiblichen Zahlen sind plus-magnetische Energien, welchen die ungeraden männlichen Zahlen als minus-magnetische Feldenergien gegenüberstehen. So können wir auch sagen, daß statische (weibliche Zahlen) durch die dynamischen (männlichen) Zahlen in einem ständigen Spannungsverhältnis zueinander stehen um überhaupt das Grundwirken der Schöpfung aufrecht zu erhalten. Keine Kraft (Zahlenqualität) kann im Universum für sich alleine stehen, weil alle Zahlen aus der Null kommen und wieder in die Null eingehen. Die kosmischen Energien zentrieren sich also im Schöpfergeist (Geistpol), durchlaufen die Felder des Zahlenkreises um alle Möglichkeiten und Beziehungen des Lebens zu "Durchwirken" um letztendlich den kosmischen Logos wieder zurück zur Einheit der jeweiligen Monade zu bringen. Aus jeder polaren Opposition erwächst nun ein besonderes Spannungsverhältnis, welches einfach darauf hindeutet, daß Grundprinzipien (Wirkungsqualitäten) ständig durch die Kraft der Evolution angetrieben werden, praktisch ihre Herausforderung dadurch erhalten, um überhaupt a) in Erscheinung treten zu können und sich b) höher entwickeln zu können.

Wo eine statische Zahl von einer ihr gegenüberliegenden dynamischen Zahl aktiviert wird, also beide zusammen ein Spannungsverhältnis miteinander eingehen, sprechen wir von einer Opposition. Diese Opposition symbolisiert, genau wie in der Astrologie, die Spannungsachsen des Lebens. Oppositionen sind Antriebskräfte im Numeroskop, welche immer einen zwingenden karmischen Charakter besitzen (Zahlenzuordnungen und Psychoso-

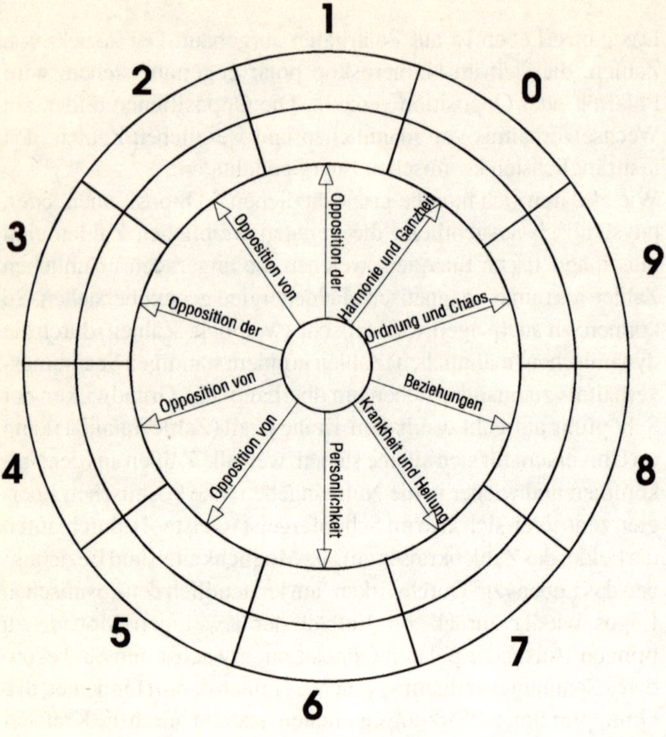
1
2
0
3
9
4
8
5
7
6
Opposition der
Harmonie und Ganzheit
Opposition von
Ordnung und Chaos
Opposition der
Beziehungen
Opposition von
Krankheit und Heilung
Opposition von
Persönlichkeit

Oppositionen im Überblick

matik). Die Oppositionen zeigen Zustände im Leben an, wo von außen durch die Umwelt ein statischer Zustand im eigenen Leben zu einer Herausforderung wird!

Wir können dies im übertragenen Sinn so verstehen, daß die von außen wirkenden Energien immer auf uns einwirken, egal ob wir diese verdrängen oder annehmen. Der Mensch wählt sich immer äquivalente Menschen oder Lebensumstände durch sein beabsichtigtes Karma sowieso schon vor diesem Leben als Reifeprüfung aus. Der einzelne Mensch hat immer Anteil am Kollektivschicksal. Persönliche Verpflichtungen halten den Menschen nur solange fest, bis dieser individualisiert (im Jungschen Sinne zu sich selbst findet und seinen Weg erkennt).

Die statischen Zahlen wirken im Menschen als Antriebskräfte welche in ihm Energien entfalten, um so seine Ziele zu erreichen. Die Oppositionen sind karmische Lektionen, die Ursachen aus anderen Leben harmonisch zur Wirkung bringen möchten. Es ist wie mit einem Auto. Das Auto ist Ihr persönliches Schicksal. Wann Sie Ihren Führerschein dazu erwerben, hängt ganz von Ihnen ab. Haben sich bestimmte Notwendigkeiten ergeben, ein Fahrzeug zu führen, so brauchen Sie den Führerschein (Reife und Qualität zum Leben und Erkennen). Dieses Auto, so lustig es auch klingen mag, fahren Sie immer, oder zumindest in die von Ihnen bestimmte Richtung (Zielvorstellungen und Wünsche im Leben.). Sie können viele Umwege fahren oder auch direkte Wege benutzen, der Faktor Zeit spielt immer eine untergeordnete Rolle, es geht um das Erreichen des Zieles. Nun fragen Sie sich, mit welchem Fahrzeugtyp in welchem Zustand Sie Ihre Ziele erreichen?

Das Numeroskop zeigt Ihnen die Umwege, rote Ampeln, Absperrungen an und vor allem, wie Sie rechtzeitig, praktisch aus der Vogelperspektive von Oben, den Weg einschlagen, welcher allen Verkehrsteilnehmern und Beteiligten am besten zugute kommt. Die Numerologie bereitet Sie darauf vor, Absperrungen und Umwege richtig zu verstehen und nicht zu überfahren, ihnen aus dem Weg zu gehen oder womöglich überhaupt nicht zu fahren.

Beachten Sie immer zuerst Ihre Grundmotivation zum Leben und Ihren Zielen und Möglichkeiten. Je besser Sie wissen, was Sie können und wollen, desto klarer der Weg. Es gibt also keinen Trick, Schwierigkeiten zu umgehen! Um weiter auszuführen, zeigt das Numeroskop mit den Oppositionen, welche Lernaufgaben in der Grundstruktur Ihres Lebens liegen. Da alles auf Polarität beruht, lernen wir durch Oppositionen die Gegenkräfte in uns zu vereinen, d. h. , Gegensatzprinzipien zum Ausgleich, also in ihre Mitte zu bringen. Die statische Zahl drückt in diesem Zusammenhang eine These aus, die gegenüberliegende Zahl die Antithese. Dieses Spannungsverhältnis ergibt immer einen dritten Moment, die Synthese, vorausgesetzt, Sie stellen sich dieser Aufgabe.

Diese subtilen"Grundverhältnisse"zeichnen den Lebensweg vom Kleinen zum Großen, vom Einfachen zum Komplizierten, vom Rohstofflichen zum Feinstofflichen. Das Zahlenprinzip ist die Seele der Wirkungsqualität und bekommt erst durch die Verbindung mit anderen Zahlen ihre Verwirklichung, ihre Verstofflichung.

1 - 6
Persönlichkeitsopposition

Die 1-6 Polarität symbolisiert die Grundspannung von Geist und Körper. Sie bildet die Wirbelsäule, das "Rückgrat" des Menschen.

Äußerlich wirken diese Menschen selbstbewußt und dynamisch, innerlich kämpfen sie mit ihrer sexuellen Energie und mit Arbeit und Beruf (6). Auch geistig stehen sie unter Starkstrom. Einerseits wollen sie sich in der Welt durchsetzen und durchbeißen, andererseits sind sie im Feinstofflichen verwurzelt. Solche Gegensätze sind schwer zu ertragen und können nur in Selbstbetrachtung und Reflexion gemildert und damit lebbar gemacht werden. Zusätzliche Oppositionen präzisieren die Bedeutung dieser grundlegenden Polarität, stehen gleichzeitig aber unter ihrem Einfluß. Die Achse von 1 und 6 führt zu Vernunft, Umsicht, Demut und Reife.

Die 1 ist die Antenne für das Universale und die höheren Schwingungen. Die 6 bedeutet Leidenschaft, Gewalt, Instinkt, Erde, kurz: niedere, langsame Frequenzen. Insofern sind sie Gegensätze und scheinbar nicht zu überbrücken. Das hermetische Gesetz: "Wie unten, so oben", vereint sie im Feld einer alles einbegreifenden Wechselwirkung. Das bedeutet aber: Wenn unsere weltlichen Ziele unklar sind, bleiben auch unsere geistigen Ziele unklar. Die vier unteren müssen den drei oberen Chakren die Energie zur Umsetzung zuleiten. Umgekehrt müssen alle weltlichen Belange wie Beruf, Partnerschaft, Finanzen, Kinder usw. sich in geordneten Verhältnissen entfalten. Erst dann kann die Lebenskraft unbelastet dem geistigen Wachstum zufließen.

Unter dem Einfluß der 1 werden alle Erscheinungen und Ereignisse auf das ihr eigene Inspirativ-Geistige zurückgeführt.

Ein Mensch, der über Selbsterkenntnis und -betrachtung die Schöpfungen seines Geistes zu immer umfassenderer Synthese treibt. Damit leistet er, was Aufgabe von uns allen ist: aus geistigen Energien neue materielle Bedingungen zu schaffen und diese in fortwährender Synthese kontinuierlich zu vervollkommnen.

2 - 7
Geist-Körper Opposition

Die 2 steht für Denken, Unterscheidungsvermögen, Empfänglichkeit für feinstoffliche Strahlungsfelder, Magnetismus usw. Die 7 repräsentiert Lebensfülle, die Vollendung auf der materiellen Ebene, Rhythmus und Bewegung, kurz: den Menschenkörper. Die 2-7-Opposition veranschaulicht also die Polarität von Gedanken und Tat; von Geistig-Seelischem auf der einen und Körperlichem auf der anderen Seite. Sie deutet auf eine grundsätzliche Spannung zwischen Idee und Tat, Absicht und Durchführung.

Oft läßt die 2-7-Opposition auf Heilkräfte schließen, die unbedingt weiterentwickelt werden sollten, weil sie eine Veranlagung sind, die einer Berufung gleichkommen. Sie kann aber auch besagen, daß der Mensch durch Krankheiten genötigt wird, sein Leben zu verändern. Weder im ersten noch im zweiten Fall darf man sich der Botschaft verschließen, sonst steht über vermehrte Krankheitsanfälligkeit passiv zu erduldendes Leid ins Haus, das wahrscheinlich wesentlich unangenehmer ist als die aktive Auseinandersetzung mit diesem Lebensthema. Körperliche und seelische Anfälligkeit in der ersten Lebenshälfte liefert später den Anstoß, sich mit den Möglichkeiten der Heilung von selbst und anderen zu befassen.

Bei gleichzeitiger 1-6-Opposition ist die Wirkung dieses Aspektes gedämpft und deutet auf geistige Heilung durch Selbsterkenntnis und Kontemplation. Bei gleichzeitiger 5-0-Opposition hingegen dürfen wir schlimmere Beeinträchtigungen voraussetzen, denn sie bildet ja das Quadrat zu diesem Aspekt.

Das Grundprinzip lautet hier: *Ein gesunder Körper in einem gesunden Geist.*

3 - 8
Partnerschaftsopposition

Die 3-8-Opposition verweist auf das Bedürfnis nach bewußt erlebten und gestalteten Beziehungen.

Frei nach C.G. Jung dürfen wir sie als "Anima-Animus Aspekt" bezeichnen, der eine Vereinigung der geschlechtlichen Pole zur Vollendung der Ganzheit andeutet. Der "Anima- Animus Aspekt" verweist erstens ganz konkret auf die Polarität der Geschlechter und zweitens auf die Spannung zwischen "Wunschvorstellung" (8) und "Willen" (3). Anders ausgedrückt: die sprunghafte Uranus-Energie der 3 wähnt sich von der Verspieltheit der Venus-Energie der 8 eingeengt, während diese sich von der Uranus-Energie vernachlässigt und mißverstanden fühlt. Um Stellenwert und Auswirkung der Partnerschaftsopposition besser einordnen zu können, müssen wir unbedingt die Progressionen und ihr Geschlecht (gerade oder ungerade Zahlen) berücksichtigen, denn sie geben uns darüber Aufschluß. Kompensationspunkte im Numeroskop belasten die Partnerschaft, während Verstärkungen den Umgang mit der Polarität in der Partnerschaft erleichtern (siehe dazu Seite 194).

Das männliche Prinzip des Willens sucht sich hier sichtbaren Ausdruck im Weiblichen, während sich das weibliche Prinzip der Wunschvorstellung im Männlichen darstellt. Sollte sich diese Umkehrung nicht in der Partnerschaft ausleben lassen, wird die uranische Energie der 3 sich im Bruch von Normen und Gesetzen Luft verschaffen. Ferner zeigt sich die 3-8-Opposition häufig in dem Verlangen mit den unterschiedlichsten Menschen möglichst unkonventionelle Beziehungen einzugehen. - Dargestellt ist ein Mensch, der regen gesellschaftlichen Austausch, zahllose "Kontakte und Verbindungen" braucht.

Seine rast- und ruhelose Seele hat den Kampf der Geschlechter in der Kindheit bei den Eltern beobachtet und leidet als Erwachsener unter seinen "qualitativ durchschnittlichen" Beziehungen. Die Partnerschaftsopposition zwingt ihn, nach der Dualseele suchen, den idealen Partner mit absolut identischer Wellenlänge. Mit wenig ermutigendem Ergebnis, denn es gibt keine Dualseele in Menschengestalt. Sie läßt sich ausschließlich über das höhere Selbst erfahren.

Unter dem Einfluß der 3-8-Opposition sucht der Mensch häufig Vater- und/oder Mutterersatz: entweder in einer politischen, religiösen oder spirituellen Vatergestalt oder in Form der "großen Mutter", einer idealisierten "Wicca" usw. So verständlich es sein mag, so dumm ist es auch, den verloren geglaubten Seelenanteil in einer Guru-Gestalt zu kompensieren. Jede Idealisierung macht nicht selbständiger, sondern abhängiger; sie bindet fester an die der Auflösung harrenden Persönlichkeitsaspekte.

Ein Mensch, der sich in der Partnerschaft nie festlegen will, weil er auf die "absolute Liebe" wartet. Er hat mehr Angst vor dem Verletztwerden, als er sich bewußt eingesteht. Hier ist die Lebensenergie in bestimmten Stereotypen eingefroren. Wer sie auftauen und freudvoll nutzen möchte, muß den Mut zum Rollentausch aufbringen und Gefühl und Willen aus der Sicht des jeweils "anderen" erfahren. Also: Adé. "Macho", adé "hysterisches Weibchen", adé einschränkende Verhaltensmuster!

Androgynität bedeutet das Enthaltensein des "Weiblichen" im Mann und des "Männlichen" in der Frau, so daß sie beide Pole in sich vereinen. Sie ist eine Brücke zur Erfahrung der unmittelbaren Beziehung zwischen Mensch und Kosmos. *Die innere Integration aller Seelenanteile* ist gleichzeitig ein tragfähiges Fundament für gesunde Beziehungen. Je weniger diese Anteile bewußt sind, desto schwieriger gestaltet sich die Beziehungsachse.

Wie nun die ausgleichende Mitte auf der Beziehungsachse finden? Vielleicht über das Nacherleben schwerwiegender frühkindlicher Störungen und damit die Klärung des Verhältnisses zu den eigenen Eltern. Ein Weg dahin führt über die ungeschminkte Analyse der bisherigen Liebesbeziehungen und Partnerschaften. Wie sind darin Wünschen und Wollen zum Ausdruck gekommen? Jede Ablehnung des Gegenpols schränkt das Spektrum der möglichen bewußten Erfahrung ein und füttert bei gleichzeitiger Schwächung von Anima und Animus, den Schatten mit zusätzlicher Energie.

4 - 9
Schicksalsopposition

Die 4-9-Opposition verweist auf ein vielleicht schwer erträgliches Gegenüber und Nacheinander schicksalsträchtiger Kräfte und Ereignisse. Jede Ordnung im Leben versinkt recht schnell im Chaos. Jeder Fixpunkt schwindet, kaum hat man sich an ihn gewöhnt. Was man sich erarbeitet hat, wie Sand rinnt es durch die

Finger. Wahrlich kein leichter Aspekt. Unter dem Einfluß der Schicksalsopposition wird der Mensch vielleicht mehr als einmal stöhnen und ausrufen: "...daß auch immer alles auf einmal kommen muß!"

Hier wird Erreichtes (4) in einer ganzen Folge von Wandlungen transformiert (9), bis der Persönlichkeitstypus endgültig ausgeformt ist, oder eine Progression sich erschöpft. Man häuft Schicksal an - und muß sich gelegentlich schneller von den damit verbundenen Verwicklungen trennen als einem lieb ist.

Einander abwechselnd erfassen Ordnung und Unordnung mit ihrem Wirbelwind alle Lebensbereiche, angefangen bei Zuhause und Beruf, bis hin zu den sozialen, politischen, philosophischen oder spirituellen Interessen. Oder man hat einfach Angst - vor allem und jedem: Angst, alles zu verlieren. Angst, sich zu binden. Angst, sich festzulegen. Folglich sollte man die kostbare Ruhe - vor dem Sturm, oder zwischen den Stürmen - ganz bewußt zum Abschalten und zur Erholung nutzen, denn jeder neue Tage kann bereits die nächste Herausforderung und Wandlung bringen.

Langfristige Verträge, fester Wohnsitz, ein Beruf für das ganze Leben usw. - bei dem Aspekt der Schicksalsopposition sind sie unangebracht. Vielmehr wird der Mensch zum "Wanderer zwischen den Welten". Festhalten bringt neue Enttäuschung. Schließlich kommt die Erleuchtung. Man merkt: Hier wird mehr Karma abgebaut als bei jedem anderen Aspekt.

In der Partnerachse (3-8) wirkt sich die 4-9-Opposition als Rastlosigkeit und wahlloses Testen von Beziehungen aus, in der psychosomatischen Achse (2-7) in Form heftiger aber schnell abklingender Krankheitssymptome. Das sind natürlich fast unzulässige Verallgemeinerungen. Man müßte alle Wechselwirkungen der verschiedenen Aspekte des Numeroskops in Betracht ziehen, und das ist dermaßen diffizil und vielschichtig, daß eine individuelle Beratung, die diese Bezeichnung verdient, nur im Rahmen eines Seminars möglich ist.

5 - 0
Ganzheitsopposition

Dieser Aspekt verweist eindeutig auf eine klar umrissene Lebensaufgabe: transzendentes "Wissen" verkörpern und die Erscheinungen aller Wirklichkeitsebenen verstehen.

Ein Mensch, der über lange Zeiträume und in großen Zusammenhängen denkt. Innere Erfahrungen werden nicht veräußert, vielmehr führt man die in ihnen gebundene Energie unmittelbar in das Schöpferische zurück, etwa durch regelmäßige Meditation. Sie kommt den Menschen und der Welt bereits durch ihre heilenden Schwingungen zugute. Der menschliche Verstand braucht dazu nichts weiter zu tun.

Unter dem Einfluß der 5-0-Opposition strebt man nach immer weitreichenderem "Loslassen". Man ist zwar für andere da, will sich aber nicht im karmischen Netz verstricken. In seiner Erfahrung möchte dieser Mensch immer bis an die Grenzen des Fühlens und Verstehen und, wenn möglich, noch einen Schritt darüber hinaus gehen.

Die expansive 5 (Jupiter) drängt auf natürliche Entfaltung im Emotionalen der 0 (Mond). Unter negativer Aspektierung ist übertriebener spiritueller und/oder philosophischer Ehrgeiz angedeutet, aber auch Offenheit für die Erfahrung der Grenzbereiche des Seins. Dazu gehört neben einer reifen Seele auch ein disziplinierter, in sich ruhender Geist, der nicht an Dogmen gebunden ist.

Bei dieser Aspektierung wird man von sich aus nach Modellen der Wirklichkeit suchen, die bei gleichzeitiger Bewußtseins-Schulung überweltliche Freiheit verheißen. Dieser Mensch begreift sich als spirituellen Wanderer und den Weg als das Ziel.

Elemente-Verbindungen

Wie wir gerade gesehen haben, sind Oppositionen Gegensatz-
spannungen, die auf eine Lernaufgabe verweisen. In diesem Sinn,
sind sie durchaus "positiv", weil sie für die weitere Entwicklung
wichtige Anreize und Impulse vermitteln.

Die Elemente-Verbindungen nun repräsentieren einen karmischen Aspekt, der bereits gelöst wurde. Infolgedessen können sie
das ganzheitliche Wachstum stützen. Im Numeroskop gibt es vier
solche Elemente-Verbindungen: zwei "weibliche" (2-0 und 4-8)
und zwei "männliche" (3-9 und 5-7).

2 - 0
Elemente-Verbindung

Die 2-0-Verbindung sagt aus, daß das Denken (2) ganzheitlich ist
(0). Wir könnten sie auch mit Worten wie "Inspiration", "Intuition"
usw. näher charakterisieren. Angedeutet ist also die Hinwendung
zum Universellen über das höhere Selbst.

Man trifft häufiger spontan die richtige Entscheidung, ohne zu
wissen, warum.

Obwohl landläufig so bezeichnet, haben diese Intuitionen mit
"Gefühl" gar nichts gemein. Alle dem Gefühl zuzuordnenden
Eindrücke und Eingebungen kommen aus dem Unbewußten (4
und 8) und damit aus den irgendwann in der Vergangenheit
gemachten Erfahrungen. Intuitionen hingegen kommen aus der
"Zukunft zurück" zu uns in die Gegenwart. Wie wir die "gefühlsmäßigen Eingebungen" dem persönlichen Unbewußten zuordnen
dürfen, können wir die "intuitiven Ahnungen" als Botschaften des
kollektiven Unbewußten (Akasha) verstehen. In den echten Intuitionen spricht unser Schutzengel direkt zu uns.

Die 2-0-Verbindung bildet mit jeder im Numeroskop vorkom-
menden 1 das spirituelle Trigon des ganzheitlichen Strebens, in

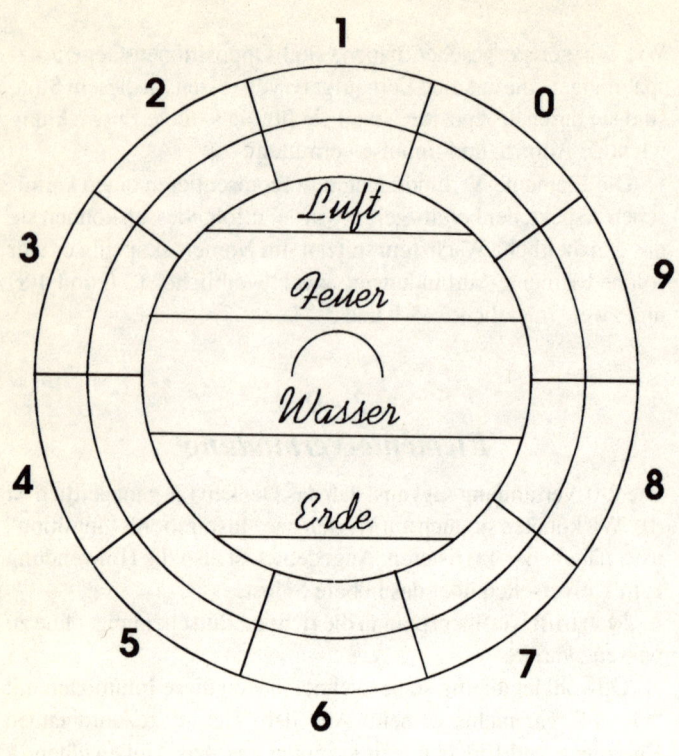

Elemente-Verbindungen im Überblick

Verbindung zu der Zahl 6 eine allgemein glückliche Verbindung für Beruf und Privatleben, weil der Geist-Pol eine positive Schwingungsverbindung mit dem Energie-Pol eingeht (siehe auch Neptun-Mond-Mars-Trigon). Die Elementezuordnung ist das Luftelement, das Element des spirituellen Geistes!

3 - 9
Elemente-Verbindung

Eine Verbindung aus zwei männlichen Zahlen. Sie repräsentiert rationales und logisches Denken und Assoziieren, das exakt abwägt und einordnet. Die 3-9-Verbindung verleiht den irrationalen Eingebungen der 2-0-Verbindung den sprachlichen Ausdruck und macht sie für das diskursive, lineare Denken zumindest nachvollziehbar. Wo beide Verbindungen im Numeroskop vorkommen, können wir von einer äußerst harmonischen Ergänzung aller "weiblichen" und "männlichen" Geisteseigenschaften ausgehen, die in der Lage ist, die schwer faßlichen Botschaften aus der 2-0-Verbindung in die gewöhnliche "weltliche" Erfahrung einzubringen.

Eine Verbindung von Intuition und Ratio kann viel bewirken, weil sie das Feinstoffliche jedermann verständlich macht, es herausholt aus seinem "Elfenbeinturm" der Spritualität, Kunst und Musik.

Für sich allein akzentuiert die 3-9-Verbindung das Denken bis hin zur Kopflastigkeit und Kritiksucht. Während 2-0 das Überbewußtsein repräsentiert, steht 3-9 für das gewöhnliche Bewußtsein. Ihm ist das Element Feuer zugeordnet, weil im Denkprozeß alle Gedanken wie in einem verwandelnden Feuer "brennen". Die 3 ist Tatimpuls und Tat, die 9 Chaos, Wandlung und Transformation.

4 - 8
Elemente-Verbindung

Die 4-8-Verbindung unterstützt die aus dem Unbewußten kommenden "gefühlsmäßigen Ahnungen", sie verschafft den unmittelbaren und differenzierten Zugang zur inneren Stimme und fördert damit indirekt alle Arten von künstlerischem Ausdruck.

Unter ihrem Einfluß vermag der Mensch, das innere Kind in sich zu erwecken und "leben". Die harmonischen Impulse aus dem Unbewußten sorgen für einen sehr harmonischen Verlauf der von ihnen gesteuerten neurophysiologischen Funktionen - damit für ein "glückliches" Körpergefühl, eine Überhöhung und Steigerung der körperlichen Erlebnis- und Ausdrucksfähigkeit.

Ein gefühlvoller, offener Mensch, der mit Geduld und Sympathie auf seine Umwelt zugeht und sie mit seiner positiven Ausstrahlung verwandelt.

Dem Gefühl ist das Element Wasser zugeordnet.

5 - 7
Elemente-Verbindung

Die 5-7-Verbindung repräsentiert tiefe Erdverbundenheit. Sie unterstützt: Vitalität, archetypische Erfahrungen, Triebfähigkeit, physische Beweglichkeit, seelische Harmonie mit dem "Irdischen".

Ist ausschließlich diese Elemente-Verbindung im Numeroskop vorhanden, so fängt der Mensch bewußtseinsmäßig "ganz unten an". Für ihn dreht sich das Leben ausschließlich um Partnerschaft, Familie und Beruf. Dort muß er klare Verhältnisse schaffen, denn die gesunde Verwurzelung im "Grobstofflichen" ist seine Lebensaufgabe. Er muß auf eigenen Beinen stehen lernen, seine Vitalität über das Fühlen verfeinern und einen schlüssigen, logischen Lebensplan entwerfen. In einem großen Entwicklungsschritt könnte er schließlich den Kraftpol des Wurzel-Chakras im Urvertrauen und in der bedingungslosen Liebe des Scheitel-Chakras zum Ausdruck bringen.

Kommt es im Numeroskop, etwa über die Progression, zu einer Verdoppelung von 5 und 7, so ist der Mensch trieb- und vielleicht auch "ellenbogen"-stark. Er wird sich in der Welt durchsetzen. Eine Auseinandersetzung mit den eigenen und den Gefühlen der anderen ist dann unvermeidlich. Eine zusätzliche 4-8-Verbindung würde die Entwicklung fördern, denn wir müssen die Elemente-Verbindungen ja immer aufsteigend von unten nach oben betrachten. Oft ergeben sich über die Progression Konstellationen zu 4 und 8.

Ferner steht die 5-7-Verbindung positiv für: Treue und Fürsorglichkeit; negativ für: Sucht- und Suggestionsanfälligkeit; Labilität in Denken und Fühlen; Rheuma (Gelenk-Krankheiten allgemein), Gicht, Lähmungen und Herzrhythmusstörungen.

Da die 5-7-Verbindung dem Element Erde zugeordnet ist regiert sie im Körper die Gelenken, Beine und Füße.

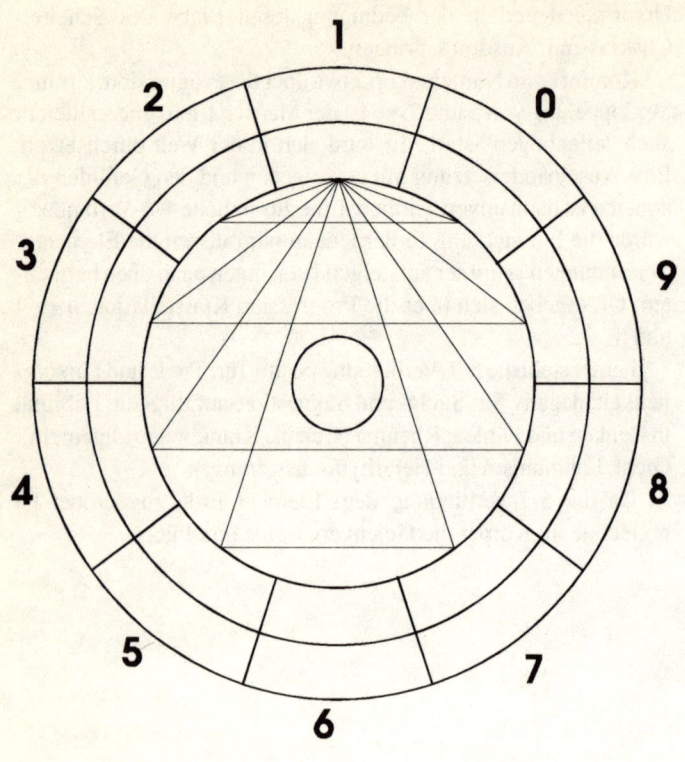

Trigone zum Geistpol

Trigone

Trigone sind Stabilitätsaspekte und verweisen auf eine gewisse Mühelosigkeit, sie machen anpassungsfähig, aber nicht um den Preis der Aufgabe eigener Qualitäten.

Trigone sind verstärkende und ergänzende Aspekte zwischen Elemente-Verbindungen mit Geist- und/oder Kraftpol. Infolgedessen fördern sie die geistige und/oder materielle Verwirklichung. Entweder liefert die 1 den ersten Impuls zu Materialisierung, oder die 6 wird durch Erkenntnis und Einsicht abgerundet. Die vier Elemente-Verbindungen können also jeweils nur ein Trigon entweder mit der 1 oder mit der 6 bilden. Es gibt also insgesamt acht mögliche Trigone, nämlich:

1-2-0, 1-3-9, 1-4-8, 1-5-7 und 6-0-2, 6-3-9, 6-4-8, 6-5-7.

Der geistige Wille der 1 (Pluto) durchläuft, von oben kommend, nacheinander alle Elemente-Verbindungen und damit absteigend alle Stufen der Bewußtseins-Entwicklung. Der Körperwille der 6 (Mars) hingegen steigt in der kontinuierlichen Aufwärtsentwicklung der Evolution über 4 und 8 und 3 und 9 zum Geistpol der 1 auf, um in ihr seine letzte Verschmelzung und Erfüllung zu erfahren. In den Trigonen zeigt sich das relative Kräfteverhältnis von "männlichen" und "weiblichen" Seelenanteilen. Sie repräsentieren im einzelnen, über welche Mittel und Wege der Wille des kosmisch Schöpferischen sich im Menschen zu vollenden strebt.

1-2-0
Pluto /Neptun/Mond- oder spirituelles Trigon

Dieses Trigon fördert spirituelle Einsicht und Verfeinerung. Auf der Grundlage der 2/0 Elemente-Verbindung von Neptun und Mond bekommt der Mensch einen innigen Bezug zu den feinstofflichen Ebenen der Wirklichkeit und damit den "7. Sinn". Wir nennen es deswegen auch "Trigon des geistigen Wachstums".

Unter seinem Einfluß trifft der Mensch sehr wahrscheinlich irgendwann im Leben einen geistigen Führer oder kommt sogar mit Jenseits-Energien in Berührung, denn in Verbindung mit der 1 (Pluto) repräsentieren 2 und 0 eine tiefe Sehnsucht nach dem höheren Selbst. Man reagiert übersensibel und empfänglich, neigt jedoch ebenfalls dazu, die eigenen Einbildungen mit tatsächlicher Erfahrung zu verwechseln.

Erstrebenswert ist deswegen eine Konstellation zur 6, zur 5/7 Elemente-Verbindung oder zum 5-6-7-Trigon. Fehlen im Numeroskop, ja selbst in den Progressionen alle Berührungsflächen mit den materiellen und intellektuellen Daseinsbereichen, sind die entsprechenden Kontakte bewußt zu erarbeiten. Schließlich wird ohne Körper keine Seele lange überlebens- und funktionsfähig bleiben.

Jahre mit den Endzahlen 1, 2 und 0 bringen besonders viele spirituelle veranlagte Menschen hervor, etwa das Jahr 1991.

1-3-9
Pluto/Uranus/Merkur-
oder Erkenntnis-Trigon

Alle Aspekte von 9 (Merkur) und 3 (Uranus) deuten auf eine optimale Verbindung zwischen logischem Verstand mit dem universalen Willen der 1 (Pluto).

Numerologisch repräsentiert ist gewissermaßen ein auf Hochtouren arbeitendes menschliches Nervensystem, in dem sich Erinnerungen (diese Menschen besitzen ein fast photographisches Gedächtnis!), Intuition, Assoziationsketten und Einsicht in komplexen Prozessen synergetisch verstärken und befruchten. Dabei kommen gelegentlich völlig unerwartete Ergebnisse zustande. Er ist weder konservativ, noch hält er sich bei seinen Überlegungen an die Vorgaben und Gesetze der philosophischen und/oder Allerweltslogik. Vielmehr neigt er zu intuitiven Sprüngen, findet sie jedoch anschließend zumeist durch die Wirklichkeit bestätigt. Er braucht viele und möglichst große Freiräume zum Denken und Assoziieren. Bei einer zusätzlichen Aspektierung mit der 6 wird er sie sich auch zu verschaffen wissen.

Obwohl umfassend gebildet und kenntnisreich, zieht er die spontane Kommunikation der logisch-linearen Erklärung vor. Eine Trigonverbindung zu (5-6-7) Jupiter-Mars-Sonne wäre nützlich, weil er für die Verwirklichung der überreichen geistigen Anlagen sorgen würde. Für sich genommen zeigt die Elemente-Verbindung von 3 und 9 einen sprunghaften und etwas zerstreuten Geist an, der die Impulse der 1 nicht immer aufgreifen kann, weil er "in Gedanken verloren ist". Es braucht also etwas Zeit, bis die Intuition sich durchgesetzt hat.

Mit seinen lieben Mitmenschen allerdings wird er einige Schwierigkeiten bekommen. Schön wäre, wenn er begriffe warum: völlig abgehoben, nimmt er die anderen kaum wahr, und zuhören kann er auch nicht.

1-4-8
Pluto/Saturn/Venus-
Trigon der wohlwollenden Tat

Realitätssinn (4) und Wohlwollen (8) stellen die Impulse des Geistpols (1) auf eine tragfähige Grundlage.

Ein Mensch, der wohlüberlegt und praktisch handelt, denn mit diesem Trigon gehen Einfühlungsvermögen und höheres Selbst eine fast ideale Verbindung ein. Das bedeutet: die gewöhnlich unbewußten Gefühle werden durchscheinend und transparent gemacht, so daß ihre Einsichten den Tatwillen unterstützen, der formvollendeten und ästhetischen Ausdruck sucht.

Stark negativ aspektiert, kann sich das Trigon als unersättlicher Machtwille äußern. Auch wenn die Venus-Energie der 8 die Wirkung in jedem Fall mildert, lassen sich Mißverständnisse mit den Liebespartnern nicht immer vermeiden. Bei stark negativer

Aspektierung erlaubt die Spannung zwischen 1 (Pluto) und 4 (Saturn) auf der einen und 8 (Venus) auf der anderen Seite eben einfach keine vollkommen harmonische Verhältnisse.

Im allgemeinen jedoch unterstützt das 1-4-8-Trigon den Geist, aus der ihm eigenen Dynamik heraus einfühlsam und wohlwollend zu handeln.

1-5-7
Pluto/Jupiter/Sonne-
Trigon der Karma-Transformation

Ein Mensch, der hartnäckig darauf besteht, sich nach den eigenen Vorstellungen zu formen. Der sprichwörtlich eigensinnige Charakter. Er will sich selbst über seinen Körper und seine Gestaltung der materiellen Welt transformieren. Unter dem Einfluß des Trigons der Karma-Transformation fängt er noch einmal "ganz von vorn und ganz unten" an.

Manchmal packt das Leben ihn hart an, beschleunigt damit aber nur den Prozeß der Selbsterkenntnis. Die materielle Ebene ist ein unerbittlicherer Spiegel als die rein geistigen Welten. So kann er über seine Erdverbundenheit in Ehe und Beruf sehr rasch karmische Schlacken "verbrennen".

Die anderen schätzen ihn, denn er ist aufgeschlossen für sie und bringt sich gern aktiv unterstützend in die Gruppe ein. Unter der kräftigen Jupiter-Strahlung der 5 geht er ganz natürlich mit der Zeit, mag die Musik, die alle mögen, kleidet sich nach der Mode und vertritt die in seiner sozialen Gruppe vorherrschenden Meinungen. Er ist kinderlieb, heimatverbunden und im allgemeinen äußerst herzlich.

Dieses Trigon repräsentiert die Durchsetzung des Geistpols im Kleinen - ein dem Dienst am Nächsten gewidmetes Leben, das der Gesellschaft viele wertvolle Wachstumsimpulse vermittelt.

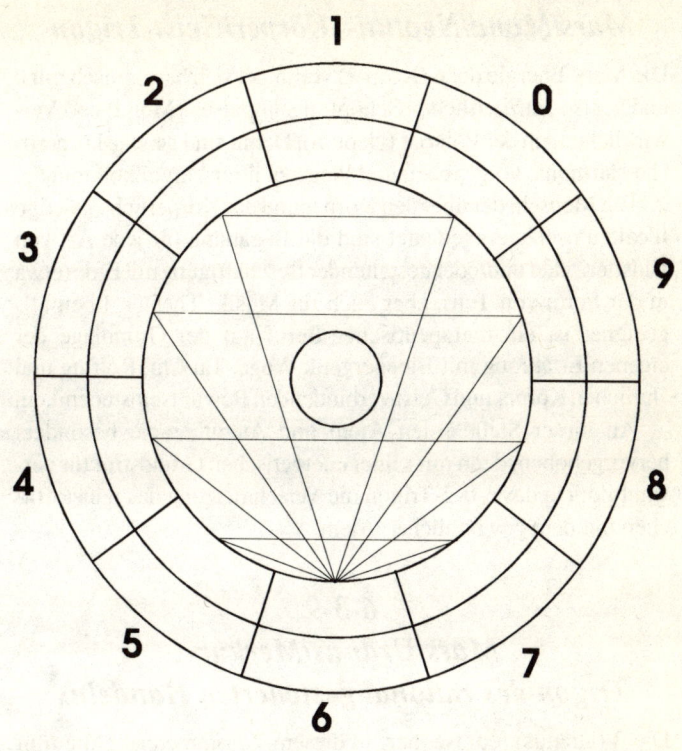

Trigone zum Kraftpol

6-0-2
Mars/Mond/Neptun- Körper/Geist-Trigon

Die Mars-Energie der 6 (Körper) verbindet sich harmonisch mit 0 und 2, also ganzheitlichen Schöpfungsimpulsen (Mond) und Verwirklichung in der Polariät (Neptun). Damit sind geistig-körperliche Harmonie vorgegeben und Wege zu ihrer Vervollkommnung.

Ein Mensch, der über den Körper und das Körperliche geistige Ideale umsetzt. Angedeutet sind die Begabung für jede Art von künstlerischer und/oder gestaltender Beschäftigung mit Erde (etwa in der Form von Ton), aber auch für Musik, Theater. Ebenfalls geeignet ist ein therapeutischer Beruf auf der Grundlage der eigenen Erfahrung mit Bioenergetik, Yoga, Tai Chi, Rolfing und ähnlichen Körper und Geist verbindenden Bewußtseinstechniken.

An dieser Stelle seien Atem und Atemtherapie besonders hervorgehoben, denn mit seiner energetischen Grundstruktur versinnbildlicht das 6-0-2-Trigon die Verschmelzung des feinstofflichen mit dem gewöhnlichen Atem.

6-3-9
Mars/Uranus/Merkur-
Trigon des rational gesteuerten Handelns

Die 3 (Uranus) repräsentiert in diesem Zusammenhang die fünf Sinne, die 6 (Mars) ihren aktiven Einsatz. Logisch fundierte Überlegungen, Entschlußfreude und beinahe unerschöpfliche Energiereserven vereinigen sich zu dynamischem und rationalem Handeln.

Wissen (3-9) und Handeln (6) wird bei einem Trigon immer zum eigenen und zum Vorteil der anderen eingesetzt. Zu lernen sind bei diesem Aspekt vor allen Dingen Geduld, Aufmerksamkeit und Zuhören. Auch die Sexualität spielt hier eine bedeutende Rolle, so daß die Spannungen, welche von Mars kommen, mitunter geistig nicht richtig verdaut werden. Dieser Mensch ergreift selbst die Initiative - und das sollte er auch weiterhin tun.

Angezeigt sind Verantwortungsbereitschaft und Augenmaß bei der Durchsetzung der eigenen Vorhaben.

6-4-8
Mars/Saturn/Venus-
Trigon des schöpferischen Genießens

Die 6 (Mars) versinnbildlicht die Durchsetzung und die 8 (Venus) die Werte, die wir schätzen und in unserer Gefühls- (4-8) und Umwelt (6-8) verwirklicht sehen möchten. Dem Wahren, Guten und Schönen zugewandt, wird Besitz in Form von Materie und Wissen angesammelt. Man lebt das Leben wie es kommt, hat es nicht allzu eilig und läßt sich gerne, nach Möglichkeit oft, von den angenehmen Dingen des Lebens verwöhnen.

Wegen des feinen Gespürs für Maß und Proportion kann man große berufliche Erfolge erwarten.

6-5-7
Mars/Jupiter/Sonne- oder Kraftpol-Trigon

Die Steigerung der 6-4-8-Konstellation im Sinne besonders sinnlicher Impulse für Sexualität, Körper, Beruf. Hier steht die Befriedigung von materiellen Wünschen im Vordergrund. Man tobt und lebt sich aus. Das vollkommen unverspannte und unbekümmerte Verhältnis zu Liebe und Sexualität macht ausgesprochen genußfähig. Auch den anderen wird man nach allen Regeln der Kunst zu verwöhnen verstehen.

Im Beruf zeichnet sich dieser Mensch durch sehr verantwortungsbewußtes Entscheiden und dynamisches Handeln aus.

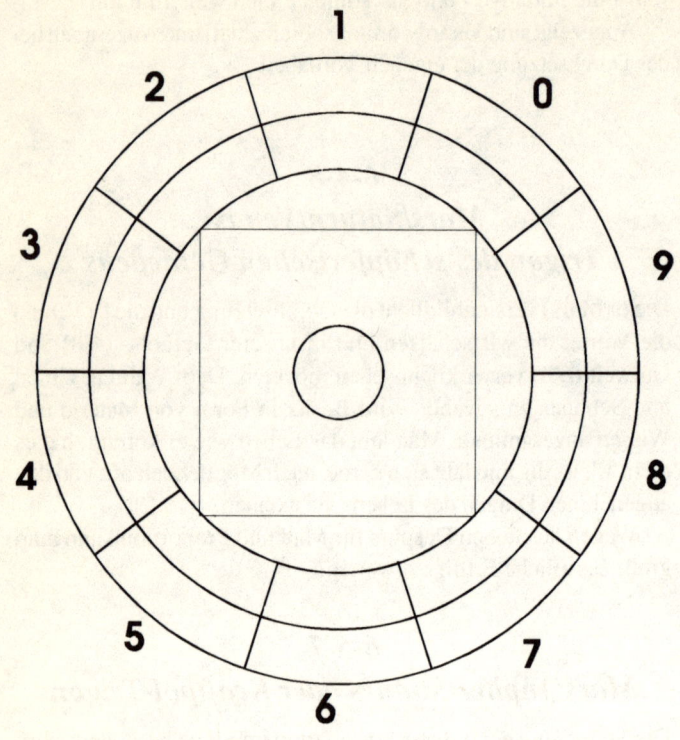

Das Quadrat

Das Quadrat

Im Numeroskop kann es nur ein Quadrat geben. Es entsteht, wenn gleichzeitig die Elemente-Verbindungen 2-0 und 5-7 gegeben sind. Damit markiert dieses Quadrat den einzigen vertikalen Aspekt unseres Systems (die Elemente-Verbindungen verlaufen horizontal, während die Trigone den Bezug zwischen Elemente-Verbindung und Geist- oder Kraftpol darstellen).

Die vertikalen Linien des Quadrats zeigen Reibung und Konflikt an, weil bei gleichzeitiger Präsenz der Elemente-Verbindungen 2-0 und 5-7 der Bezug zur Mitte fehlt. Die Sensibilität der 4 und 8 und der ordnende wie auflösende Verstand der 3 und 9 haben keinerlei Kontakt mit der ursprünglichen Vitalität von 5 und 7 und dem Starkstrom der Intuition von 2 und 0. Die Folge sind Enttäuschungen und Resignation. Andererseits stellt es eine große Herausforderung dar, den Ansporn zu großen Willensleistungen. Diese bestehen hauptsächlich in der Auflösung der sich gegenseitig behindernden Persönlichkeitsanteile (die vertikalen Linien zwischen 2 und 5 und 0 und 7), die nur über die bewußte Entwicklung der fehlenden Elemente von Gefühl und Verstand geschehen kann.

Man kann die feinstofflichen Impulse nicht "körperfreundlich" leben, sondern zwingt den Körper zu permanenter "Sublimierung". Körperliche Anfälligkeit, gefühlsmäßige Überempfindlichkeit und die Flucht in die verschiedensten Jenseitsvorstellungen werden mit der Zeit aber so frustrierend, daß man sie als Hinweis auf die notwendige Änderung versteht. Nicht mehr Opfer zwanghafter Strukturen, versteht man seine Lebenssituation nun als Einladung zu einem harmonischeren Prozeß der Transformation. Das Quadrat hilft also, alte Denk- und Verhaltensmuster "einzuschmelzen und zu verflüssigen". Die Konstellation ist so zwingend, daß man sich ihrer Aufforderung besser nicht entzieht.

Da die Verbindung zu 4 und 8 fehlt, kann dieser Mensch seine Gefühle und emotionalen Bedürfnisse nur sehr schwer oder gar nicht äußern. Man leugnet sie häufig sogar vor sich selbst und preist das obendrein als Tugend. Rücksichtnahme und Verantwortung sind in diesem Fall jedoch ein einziger Selbstbetrug, wenn nicht eine kaum mehr erträgliche Selbstbestrafung. Solche Tendenzen gehen natürlich auf frühkindliche Kränkungen zurück, wie forcierte Sauberkeitserziehung, Gefühlskälte der Mutter oder spätere gewaltsame Beschneidungen der normalen kindlichen Phantasie und Kreativität. In jedem Fall ist die Beziehung zu Mutter und/oder Vater gestört. Daran sind die Eltern zwar "schuld", aber in letzter Konsequenz nicht dafür verantwortlich. Jeder sucht sich seine Inkarnation und die Spannungen aus, die er in ihrem Verlauf lösen möchte. Das ist dann die "Lebensaufgabe". Derartig stark besetzte Spannungen sind jedoch nur über unmittelbares (Nach)Fühlen und (Nach)Erleben der traumatisierenden Erfahrungen zu lösen. Eine äußere "Retter-Gestalt" schadet in diesem Fall mehr, als sie nützt. Die Erlösung kann nur über die Integration von Gefühl und Körper erfolgen und zwar Schritt für Schritt im Austausch mit anderen Menschen.

In der Progression hat das Quadrat eine ähnliche Wirkung, stellt jedoch nur eine vorübergehende Erscheinung dar, die zur Integration nicht gelebter Persönlichkeitsanteile beiträgt.

Numerologische Partnerschaftsmethoden

Einführung

Trotz des Bemühens, Beziehungen durch Logik oder Psychoanalyse zu intensivieren, verlieren sich die bisher gültigen Maßstäbe für Ehe, Freundschaft und alle anderen Bereiche von zwischenmenschlichen Beziehungen in eine Suche nach mehr Identität, Integrität, Liebe, Verständnis - und vor allen Dingen nach geistig-seelischer Erfüllung.

Nicht nur die durch die beginnende Balance beider Geschlechter sich wandelnden Werte und Normen sind Ursache für Neuorientierungsversuche, sondern auch die in uns allen tief angelegte Sehnsucht nach Ergänzung auf körperlicher, seelischer und geistiger Ebene.

Es wäre müßig, von Mann und Frau zu sprechen, wissen wir doch, daß wir beide Seelenanteile bereits in uns tragen und mehr oder weniger unbewußt den uns fehlenden Seelenanteil über Beziehung und Partnerschaft suchen - bzw. solange anziehen, bis wir die spirituelle Dimension von Lern- und Wachstumserfahrungen dahinter begreifen lernen.

Wir sprechen hier vom Menschen an sich, welcher, unabhängig vom Geschlecht, entweder mehr männliche oder mehr weibliche Seelenanteile ausstrahlt und lebt.

Die Numerologie will nun in diesem Buch aufzeigen, auf welche Art und Weise eine Beziehung zur harmonischen Entfaltung gelangt, oder wie sie umgekehrt zerstörerisch auf beide Partner wirkt.

Es ist möglich, durch den Vergleich zweier Geburtsdaten die karmischen Lektionen, die herausfordernden Polaritäten, die gemeinsamen Aufgaben, gemeinsame Ziele und Ideale sowie das unbewußte Lernpotential beider Partner zu einem befruchtenden Ganzen sichtbar werden zu lassen.

Karma, Projektion und Beziehungen

Zwei Menschen, die ihr Schicksal miteinander teilen möchten, müssen gemeinsame Ziele und Ideale haben, welche die persönlichen Interessen und Bedürfnisse harmonisch fördern.

Partnerschaft erfordert Anpassungsvermögen, Verständnis und Zusammenarbeit in gütig tragender Liebe. Da jede Partnerschaft sich ständig verändert, ist das Verständnis der inneren Strukturen beider Seelenanteile von großer Bedeutung.

Das Affinitätsprinzip sagt, daß sich jeweils Menschen suchen, welche sich gegenseitig helfen, unbewußte Konflikte bewußt zu machen. Die Versuchung der Projektion ist hier bei ungenügender emotionaler Reife sehr groß.

Projektion sagt hier, daß die eigenen Unvollkommenheiten bei unklaren Situationen in der Beziehung im anderen entdeckt werden.

Die Blindheit gegenüber dem eigenen Schatten zeigt, daß man aus der eigenen Vergangenheit unbewußte und ungeklärte Tendenzen übernommen hat.

Man zieht den eigenen Schatten als Spiegel durch den Partner an. Die Anziehungskraft zwischen den beiden Polen eines Gegensatzpaares erzeugt die Energieströme, welche als Karma bekannt sind.

Karma ist Gnade, weil die Auseinandersetzung mit seinen eigenen Strukturen den Charakter befreit. Die karmischen Energieströme manifestieren sich in der Partnerschaft als reinigende Konflikte. Diese Reinigung, welche den meisten chaotische Auflösung bedeutet, ist einer der wichtigsten und wertvollsten Prozesse überhaupt.

Kritik, Streit und Meinungsverschiedenheiten bringen das unbewußte Karma an die Oberfläche. Das Affinitätsprinzip erklärt, warum immer gleiche oder ähnliche Menschen immer ähnliche schwierige Erfahrungen miteinander machen.

Der Idealpartner

Pluspunkte	**Minuspunkte**
Was wir uns von ihr/ihm erhoffen:	Eigenschaften, die sie/er auf keinen Fall haben darf:

Beide haben auf bestimmten Ebenen bestimmte Erfahrungen gemacht z.B. in der Kindheit oder in einem anderen Leben, welche, lange genug verdrängt, nun über den Partner wieder erkennbar sind.

Vorstellungen und Ängste als Spiegel unserer Seele

Um unsere Vorstellungen und Ängste in einer Partnerschaft besser zu erkennen, können wir sie in einer Liste schwarz auf weiß festhalten.

Wir tragen in die linke Spalte alle jenen Eigenschaften ein, die wir uns bei unserem Partner wünschen: Stärken, Vorzüge usw.

Wir tragen in die rechte Spalte all das ein, was wir nicht wünschen, die sogenannten negativen Seiten des Idealpartners, das, was wir in keinem Fall bei ihm erleben möchten.

Wir lassen uns Zeit und schließen die Augen. Wir fühlen in unser Herz hinein, spüren die Energie dieses Menschen, auch wenn wir ihn noch nicht getroffen haben. Wir lassen unserer Phantasie freien Lauf. Also: keine Zensur!

Nur ehrlich und spontan aufschreiben, was in den Sinn kommt. Wir können in beide Spalten beliebig viele Eigenschaften eintragen.

Wenn wir diese Liste auswerten, werden wir erkennen, daß wir an ihrem Schatten (Minuspunkte) noch arbeiten müssen:

Die Eigenschaften, die in der linken Spalte, der Plus-Spalte, aufgeführt sind, müssen *wir selbst* entwickeln, um ein idealer Partner zu sein.

Die Eigenschaften der rechten Seite sind die Folgen negativer persönlicher Erlebnisse in der Vergangenheit, unsere negativen Prägungen.

Wir können sagen, daß die Inhalte der rechten Spalte (Minus-Spalte) der Schatten ist, der auf die rechte Spalte fällt. Beide Seiten bedingen sich wie Licht und Schatten, keine kann ohne die andere sein.

Je stärker wir am anderen eine negative Eigenschaft ablehnen, desto klarer müssen wir sie in uns selbst erkennen und auflösen. Hier können wir verstehen, daß alles, was wir an unserem Partner ablehnen, eigentlich unser Problem ist. Das ist so einfach und zutreffend, daß es schon wieder schwer einzusehen ist.

Das Anziehungsprinzip (Affinität) bringt uns so lange mit einem bestimmten Problem in Berührung, bis wir genau diese Eigenschaft integriert haben.

Die Auseinandersetzung über den Partner ist der konzentrierteste Energieaustausch überhaupt.

So lange wir die Eigenschaften der Minus-Spalte nicht in uns selbst erkennen, wiederholt sich der abgelehnte Persönlichkeitsanteil immer wieder - egal wie viele Beziehungen wir eingehen - bis wir diese Lektion gelernt, das Thema begriffen haben (Resonanzprinzip in Verbindung mit dem Gesetz des Rhythmus).

Andernfalls können wir unseren freien Willen nie wirklich einsetzen. Evolution wird durch "Reibung" vorangetrieben.

Jede Eigenschaft der Plus-Spalte ist ein Teil unserer Persönlichkeit, die wir harmonisieren sollten.

Würde unser Partner nur die Eigenschaften besitzen, die wir uns wünschen, oder gar erträumen, könnten wir in der Beziehung unmöglich wachsen. Vielmehr würden wir an ihn all jene Aufgaben delegieren, die wir eigentlich selbst leisten müssen. Die auf ihn übertragenen guten Eigenschaften würden in uns selbst schließlich verkümmern.

Das Ideal einer Beziehung ist Freiheit, nicht Schwärmerei und Anhänglichkeit.

Zur weiteren Bewußtmachung unserer eigenen Entwicklung können wir die Eigenschaften aus beiden Spalten in männliche und weibliche Qualitäten einteilen. Männliche Pole sind die nach außen gerichteten, aktiv-dynamischen Teile, weibliche Qualitäten sind aufnehmende, nach innen gerichtete, intuitiv-spirituelle Bewußtseinsqualitäten. So können wir feststellen, ob unser Anima- oder Animus-Anteil ausgeprägter ist. Die geschlechtsspezifische Polarität kommt ja auch schon in den Zahlen zum Ausdruck: Die ungeraden Zahlen deuten auf männliche Eigenschaften, die geraden auf weibliche Qualitäten hin.

Partnervergleich

Der Schicksalszahlen-
Vergleich

Zuerst vergleichen wir unsere Lebensrhythmen (Schicksalszahlen) mit denen unseres Partners, denn sie können uns einen ersten wertvollen Hinweis über die Gemeinsamkeiten in der Partnerschaft geben. Dazu werden von jedem Partner die individuellen-Schicksalszahlen gebraucht. Wie die Schicksalszahlen ermittelt werden, haben wir bereits im Kapitel "Schicksalszahlen" Seite 132 kennengelernt.

Ob zwei Menschen miteinander harmonieren, weil sie Übereinstimmungen in den Grundschwingungen (Zahlen) ihres Geburtsdatums haben, erkennen wir an ihren Schicksalszahlen. Diese geben uns Auskunft über die Möglichkeiten einer äußeren Übereinstimmung mit dem Partner, etwa gemeinsame Interessen und Lebensanschauungen.

Je mehr Zahlenübereinstimmungen eine Partnerschaft aufweist, desto besser ist sie für die gemeinsame Bewältigung eines ähnlichen (nicht gleichen) Lebensschicksals geeignet. Es handelt sich deshalb im wahrsten Sinne des Wortes um Schicksalszahlen. Wir wollen das am Beispiel eines Paares veranschaulichen.

So sieht der **Schicksalszahlenvergleich** des **Paares 1** aus:

24.3.1944 (sie)   16.9.1947 (er)
Typus 9/27   Typus 0/37

4	7
8	11
12,5[1]	15,5[1]
17	20
18	**21**
21	25,5[1]
25	30
27 Typus 9/27	**36**
34	37 Typus 0/37
36	42 (Zwischenrhythmus)[2]
45	47 Typus 2/47
52	**54**
54	58
63	60
70	67
72	71
81	73
	80

Beim Zahlenrhythmusvergleich sind die drei **fettgedruckten** Zahlen übereinstimmend.

Unser Beispiel: Wir haben drei gemeinsame Schicksalszahlen (21, 36, 54), was eine gemeinsame Grundvibration in Form mitgebrachter Erziehungs- und Ausbildungsvoraussetzungen

---

[1] nur bei den Zahlen 8 u. 9 wird zweimal mit den Halbsummen 4 u. 4,5 addiert, siehe dazu auch Seite 133.

[2] zum Zwischenrhythmus siehe Seite 133.

andeutet. Die gemeinsamen Ziel- und Idealvorstellungen im
Bereich Tradition (Erziehung, Elternhaus, gleiches Fürsorge-
und Zärtlichkeitsbedürfnis) lassen sich ohne große Mühen
und verbale Auseinandersetzungen verwirklichen.
Die drei Rhythmuszahlen werden zwischen dem 21. und dem
54. Lebensjahr erreicht, d.h., vor dem 21. Lebensjahr hätten
beide kaum ihre Übereinstimmungen bewußt wahrnehmen
können.

Stellen wir uns die einzelnen Zahlenwerte als Teilpersönlich-
keitswerte vor, Energien also, die einzeln im gesamten Energiesy-
stem des Menschen wirken.

Jede Zahl hat eine ihr eigene Grundschwingung, die sich, im
Typus summiert, als Grundcharakter des Menschen darstellt. So
wie ein Organismus aus verschiedenen Organen ein Ganzes bildet,
so ergeben alle Einzelzahlen des Geburtsdatums, inklusive der
Geburtszeit, das numerologische Gesamtbild eines Menschen,
das auf seinen energetischen Entwicklungsstand hinweist.

Diese partiellen **Persönlichkeitsenergien** werden über die
Schicksalszahlen miteinander verglichen.

Übereinstimmende Schicksalszahlen

Die gemeinsamen Schicksalszahlen deuten auf eine gemeinsame
Grundschwingung bezüglich **materieller Interessen** und **allge-
meiner Lebensanschauung** hin. Dieser Vergleich hilft, über die
Häufigkeit des Zusammentreffens oder Zusammenseins des Paares Auskunft zu geben. Die Häufigkeit des gemeinsamen Beisam-
menseins sagt allein natürlich noch nichts über die Qualität der
Beziehung aus.

Sind im Rhythmusvergleich keine gemeinsamen Zahlen vorhanden, so ergibt sich auch im Numeroskop kaum ein gemeinsamer Aspekt.

Gibt es keine übereinstimmenden Schicksalszahlen, läßt sich mit Sicherheit sagen, daß beide Partner sehr viel Zeit und Energie in diese Beziehung investieren müssen, damit sie überhaupt einigermaßen läuft. Natürlich muß eine Beziehung immer gepflegt werden, bei nicht übereinstimmenden Rhythmuszahlen aber noch intensiver. Dieses beiderseitige Bemühen ist notwendig, um die fehlende gemeinsame Grundschwingung zu kompensieren.

Es zählen hier Übereinstimmungen, die **unabhängig von der Jahrgangszahl** erreicht werden:

0 Übereinstimmungen: Wenn keine einzige Rhythmuszahl übereinstimmt, ist eine langfristige, intime Beziehung so gut wie ausgeschlossen, da wichtige Voraussetzungen fehlen.

2 Übereinstimmungen: Hier ergibt sich häufig eine geschäftliche oder berufliche Beziehung, auch gute nachbarschaftliche Verhältnisse.

3 Übereinstimmungen: Das bedeutet ein harmonisches Fließen von Energie zwischen beiden Partnern.

6 Übereinstimmungen **und mehr:** Es handelt sich um eine karmische Verbindung.

Überlegen wir an diesem Punkt, wie sehr wir unsere Beziehung ohne Anstrengungen "geschehen lassen" können und wieviele Extras notwendig sind, um sie zu beleben? Ist es der Sinn einer Beziehung, sich besonders um sie bemühen zu müssen?

Persönlichkeitstypus-
Polaritäten

Eine dauerhaft von Leidenschaft geprägte Beziehung hat sicherlich Seltenheitswert. Wir finden sie häufiger als normal bei Paaren mit gegenüberliegenden **Typuszahlen**: 2 - 7, 3 - 8, 4 - 9, 5 - 0. Wir finden hier immer zwei Menschen, die sich voneinander angezogen fühlen, um sich zu ergänzen: es ist jedoch niemals eine einfache Beziehung.

Um die mit der Partnerschaft verbundene Aufgabe herauszufinden, lesen wir unter der **Zahlenanalogie** der entsprechenden Grundtypen nach (s. S. 31 ff), um den **Persönlichkeitstypus** und die **Karmapunkte** beider Partner miteinander zu vergleichen. Wir können so schon Grundsätzliches über die Energien sagen, die in einer Partnerschaft zusammentreffen - und Unterschiedlichkeiten oder Gemeinsamkeiten der einzelnen Partner erkennen. Stehen sich die Grundtypen des Paares gegenüber, beispielsweise Typus 4 (weiblich) und Typus 9 (männlich), wirken sie sich exakt wie eine Polarität aus.

Aus dieser **Grundspannung** heraus begegnen sich diese Menschen mit dem Ziel, sich das Prinzip der Opposition gemeinsam bewußt zu erarbeiten und schließlich zu integrieren.

Oppositionen der Grundtypen wirken so lange als Spannungsaspekt, bis beide Partner die Energie des gegenüberliegenden Pols integriert haben.

Bei Achsenverhältnissen setzen sich beide Partner abwechselnd gegenseitig unter Spannung. Diese Polaritäten fordern die Beziehung heraus, vor allem im äußeren Leben, in Beruf, Gesundheit und Geld. Wo wir sie bei Paaren finden, wird sich die Grundschwingung des Paares erhöhen. Das wirkt sich beispielsweise dann positiv aus, wenn Übereinstimmungen der Schicksalszahlen fehlen.

Karmapunkt-Polaritäten

Liegen die Karmapunkte der Partner genau gegenüber, wird die Beziehung für beide sehr herausfordernd sein. Die Polarität der Karmapunkte gibt dem Composit eine zusätzlich karmische Komponente. Altersmäßig liegen die Partner dann immer ein oder mehrere Jahrzehnte auseinander (Generationskonflikte).

Karmapunkt-Polaritäten: Widder - Waage, Stier - Skorpion, Zwilling - Schütze, Krebs - Steinbock, Löwe - Wassermann und Jungfrau - Fisch.

Spiegelzahlen

Grundsätzlich untersuchen wir auf eine Polarität (Spiegel) hin, bei den Spiegelzahlen nur Tages- mit Tageszahlen, Monats- mit Monatszahlen und die jeweils letzten 2 Jahrgangszahlen.

Sind wenig übereinstimmende Schicksalszahlen vorhanden, dann können wir über die Spiegelzahlen zu einer Aussage kommen.

Spiegelzahlen sind Zahlen, die sich im Numeroskop polar gegenüberstehen. Das sind alle **Oppositions-Aspekte** (2 - 7, 3 - 8, 4 - 9, 5 - 0, 1 - 6) und die **Elemente-Kombinationen** (2 - 0, 3 - 9, 4 - 8, 5 - 7). Es geht hier also nicht wie zuvor um Typus-Polaritäten, sondern um einfache Zahlenpolaritäten des Geburtsdatums.

Beispiel: **15**.   **3**.   19   **23**
             26.   **8**.   19   **55**

In diesem Beispiel vergleichen wir die Tagesdaten 15 und 26 und stellen 1 und 6 als **Spiegelzahlen** fest, weiterhin stehen sich auch die Monatszahlen 3 und 8 im Numeroskop gegenüber, d. h. auch sie bilden einen Oppositionsaspekt (eine Spiegelzahl). Bei den Jahrgangszahlen finden wir in diesem Beispiel keine Spiegelzahlen.

Wiederholen sich Zahlen des einen Geburtsdatums einmal oder mehrmals im Datum des Partners, so wirken sie natürlich insgesamt verstärkend. In unserem Beispiel kommt es bei 5 und 2 zu **Zahlenhäufungen** der Spiegelzahlen.

Gemeinsame Spiegelzahlen wirken sich im später beschriebenen Partner-Composit-Numeroskop nochmals als Verstärkung aus, wenn diese Zahlen zudem aspektiert sind. Wir achten auch darauf, wieviele **männliche** (ungerade) und **weibliche** (gerade) Zahlen in beiden Geburtsdaten zusammengenommen von den Partnern "mitgebracht" werden. Überwiegen die männlichen Zahlen, so ist klar ersichtlich, was beide miteinander entwickeln müssen: die weibliche Komponente im Zusammensein (Aufnahmebereitschaft und Hingabe). Für den Fall, daß die weiblichen Zahlen dominieren, ist es Aufgabe der Partnerschaft, die aktiven, männlichen Eigenschaften zu entwickeln: also immer mit dem einen Ziel, den Ausgleich, die harmonische Darbietung der Energien herbeizuführen.

Partnerschafts-Anlage-Numeroskop

Um ein Anlage-Horoskop der Partnerschaft zu erstellen, zeichnen wir zuerst für beide Partner die Einzel-Numeroskope, dabei gelten die gleichen Regeln wie im Kapitel "**Einzel-Numeroskop**", auf Seite 142, beschrieben.

Nachdem in beiden Einzel-Numeroskopen die möglichen Aspekte eingetragen sind, übertragen wir die Aspekte, die zugleich in beiden Numeroskopen vorkommen, in ein drittes Formular, ein **Anlage-Numeroskop** gemeinsamer Aspekte. Wir nennen es das Partnerschafts-Anlage-Numeroskop.

24.3.1944, Zeit: 7:38 (sie) Einzeldiagramm

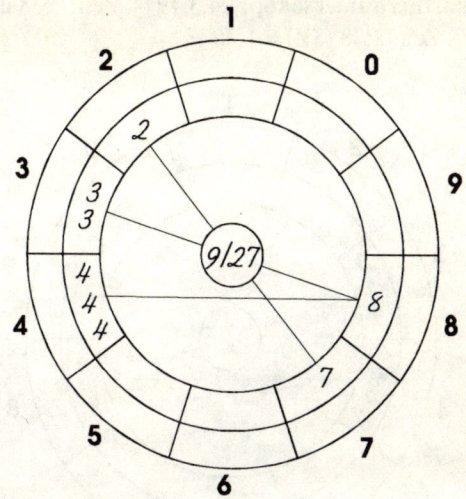

16.9.1947, Zeit: 2:38 (SZ) = 1:38 (er) Einzeldiagramm

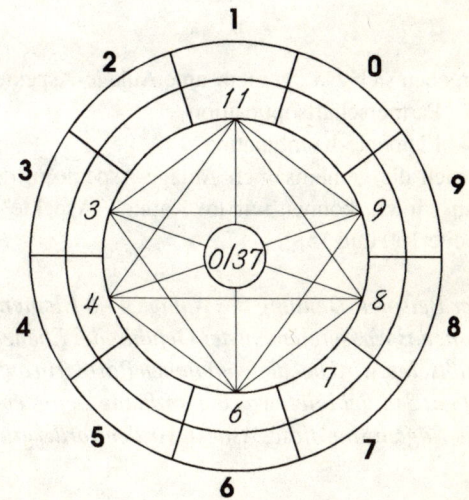

Anlage-Partnernumersokop: 24.3.1944, Zeit: 7:38 und
16.9.1947, Zeit: 2:38 (SZ) = 1:38

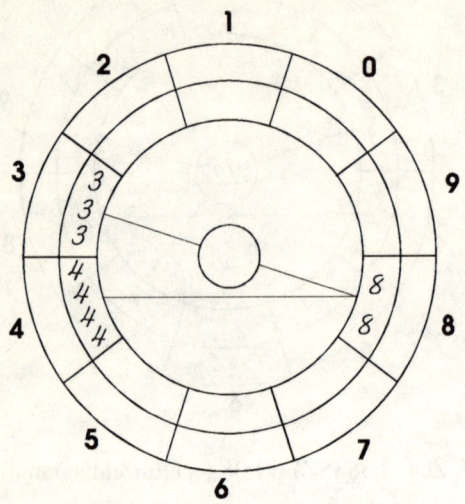

Es ergeben sich zwei gemeinsame Anlage-Aspekte:

3 - 8   Partnerschaftsopposition

4 - 8   Elemente-Kombination

Wie sich die gemeinsamen Anlage-Aspekte in der Partnerschaft auswirken, können wir im Kapitel "Aspekte" nachlesen
(siehe Seite 150 und 158).

*Unser Beispiel: Deutung des Anlage **4 - 8 Elemente-Kombination**: das Wasserelement des Gefühls, der Ebene des Unterbewußtseins, wird bei der weiblichen Partnerin auf der linken
Seite mit 3x4 gebildet, was den ordnungsbetonten, praktisch
ausgeprägten Sinn dieses Aspektes in den Vordergrund schiebt.*

Nach den drei Rhythmuszahlen, einer Geburtsdatenspiege-
lung in den Monatszahlen, deutet diese erste zeichnerische
Übereinstimmung auf zwei gefühlsbetonte Menschen hin,
wobei die Partnerin konkret diesen Gefühlsaustausch auch
gezeigt bekommen möchte (3x4).

Da sie ihren Typus mit 27 erreicht, kann sie sich schon vor
Erreichen das Typus auf ihren "Bauch" verlassen. Die Ebene
des Gefühls, auch der gefühlsmäßigen Erwiderung, ist im
Partnervergleich vorrangig zu betrachten.

Deutung der 3 / 8 Partnerschaftsopposition*: Das grundsätz-*
lich in der Natur archtetypisch angelegte Streben nach der
Vereinigung der Anima-Animus Natur der Seele wird von
beiden Partnern als Grundspannungs-Verhältnis mitgebracht
bzw. man möchte es in der Beziehung klären. Die Polarität
Wunschvorstellung (8) und Wille (3) wird primär in einer
Spannung zu den eigenen Elternfiguren als Disharmonie
erlebt.

Emotionelle Aspekte und der Wille zur Durchsetzung spiegeln
bei beiden das Muster der Unstimmigkeiten im eigenen Erzie-
hungserfahrungsbereich wieder.

Auch das nach Außen getragene Bedürfnis nach Nähe enthält
gleichzeitig die Angst vor der Verletzung eigener Gefühle.

Beide erwarten vom anderen nicht nur die Kompensation des
Aspektes, sondern den Ausgleich von nicht verwirklichten
Ideen, Wünschen, Hoffnungen und Idealen.

Ein Anlage-Numeroskop kann viele oder weniger Aspekte haben.

Composit-Numeroskop

Ein Composit-Numeroskop ist immer ein Partnerschafts-Numeroskop. Es handelt sich dabei um ein neues, drittes Numeroskop, das sozusagen eine Komposition aus zwei Einzelnumeroskopen darstellt - das Numeroskop der Beziehung. Es wird folgendermaßen errechnet: aus den zwei Geburtsdaten wird über eine spezielle Mittelwertberechnung ein neues Geburtsdatum (Composit-Datum) ermittelt, die Grundlage für das Numeroskop der Beziehung.

Es ist eine äußerst interessante und aussagekräftige Variante der Partnernumerologie. Hier geht es darum, wie ein Paar seine gemeinsamen Anlagen praktisch umsetzen kann.

Im Composit-Numeroskop werden in erster Linie diejenigen Aspekte ermittelt, die beiden helfen, im Laufe der Beziehung zu einer Verwirklichung der gemeinsamen Ideale zu gelangen.

Einfacher ausgedrückt: das Composit-Numeroskop zeigt, was zu tun ist. Die Composit-Aspekte sind die Aspekte der Tat. Dazu wird aus beiden zu vergleichenden Geburtsdaten ein gemeinsamer Mittelwert errechnet:

24.3.1944	7:38	Geburtsdatum Partner 1
16.9.1947	1:38	Geburtsdatum Partner 2
20.9.1945	4:38	Beziehungs-Typus = 3/30

Bei dieser Mittelwert-Berechnung, werden die Geburtsdaten addiert und danach durch zwei (zwei Partner) dividiert. Immer dann, wenn bei der Division durch 2 ein Rest bleibt, ein halbes Jahr, ein halber Monat usw., wird diese Zeitangabe auf die nächst kleinere Zeiteinheit übertragen. Die **Mittelwertberechnung** ist anhand von einigen Beispielen im **Anhang** genau beschrieben (siehe Seite 244). Das Composit-Numeroskop zeigt all jene Energie-Aspekte, die die Beziehung festigen. Hier liegt ihr größtes Energiepotential.

In das Composit-Numeroskop werden die Zahlen des Composit-Geburtsdatums übertragen - genau wie beim Einzel-Numeroskop. Auch hier bleibt die Jahrhundertzahl (19) unberücksichtigt. Wichtig ist auch hier wieder die korrekte Geburtszeit jedes Partners. Die Aspekte, die sich dann ergeben, werden mit durchgezogenen Linien eingezeichnet.

Composit-Numeroskop
Composit-Datum: **20.9**.1945, **4:38** Uhr
Beziehungstypus 3/30

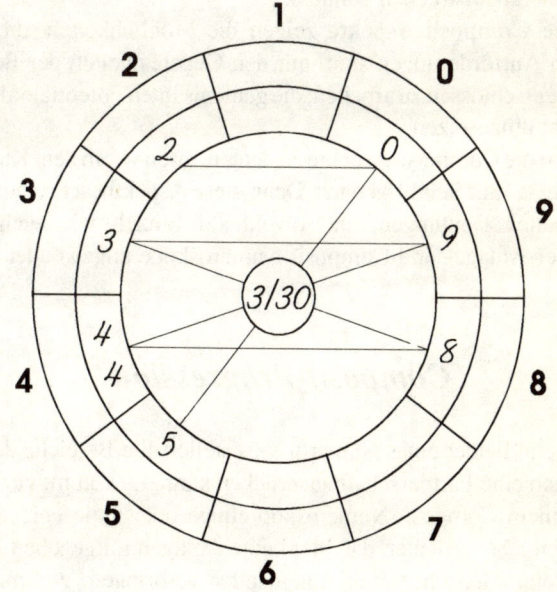

Aspekte : 2 - 0   Elemente - Kombination
           3 - 9   Elemente - Kombination

189

4 - 8	Elemente - Kombination
3 - 8	Partnerschaftsopposition
4 - 9	Schicksalsopposition
5 - 0	Ganzheits- und Harmonie-Opposition

Der **Beziehungstypus** 3/30 zeigt an, in welchem Alter beide eine persönliche Reife erfahren und ihre spirituelle Ader erkennen bzw. gemeinsam wecken könnten. Beide sollten also das Alter von 30 erreicht haben, um die Tragfähigkeit und Transparenz der gemeinsamen Aspekte des Composit-Numeroskops in ihre Beziehung zu integrieren. Der Typus 3/30 zeigt gleichzeitig das Alter an, wann beide eine persönliche Reife erfahren und ihr spirituelles Interesse erkennen oder wecken könnten.

Die **Composit-Aspekte** zeigen die Möglichkeiten, die zugleich Aufforderungen sind, mit den Gegebenheiten der Beziehung entschlossen zu arbeiten, die gemeinsamen Potentiale also in die Tat umzusetzen.

Um die Composit-Aspekte zu deuten, lesen wir in dem Kapitel "Aspekte" auf Seite 144 nach. Denn diese Aspektbeschreibungen beinhalten Deutungen, die sowohl auf Einzel- wie auch auf Partner-Anlage- und Composit-Numeroskope angewendet werden.

Composit-Progression

Die zehn Felder eines Numeroskops stellen alle Bereiche dar, in der sich eine Partnerschaft ausdrücken kann. Es kommt vor, daß bei einem Composit-Numeroskop einige oder viele Felder leer bleiben. Das bedeutet, daß hier keine Anlagen mitgegeben sind.

Wenn Menschen Zeit miteinander verbringen, zusammenwachsen, sich geistig und spirituell austauschen, erhält ihr Leben neue Aspekte, es kommt zu einer Intensivierung der Beziehung. Diese Veränderung, bzw. die Möglichkeit, die Anlagen zu *verstär-*

Composit-Numeroskop in der Progression
Composit-Datum: 20.9.1945, 4:38 Uhr
Beziehungstypus 3 / 30

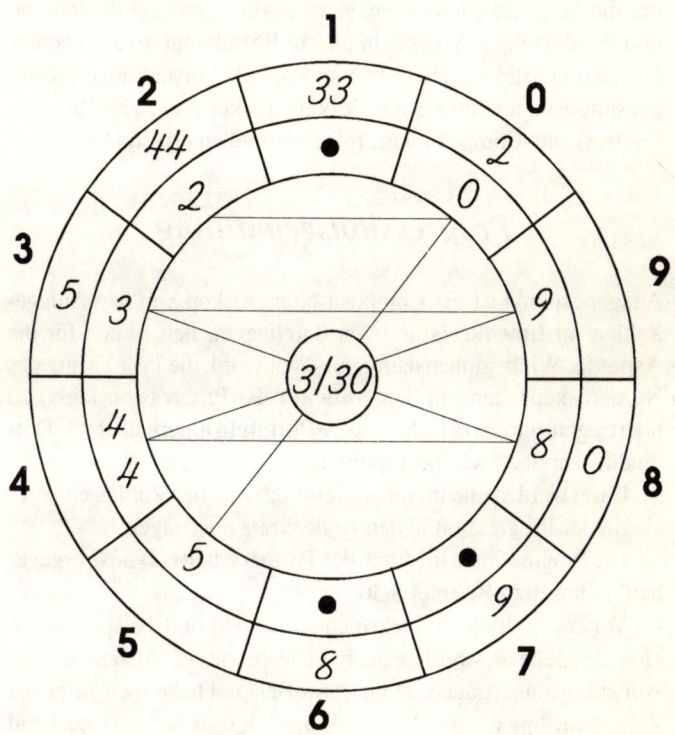

3	kompensiert	1
4 - 4	verstärkt	2
5	verstärkt	3
8	kompensiert	6
9	kompensiert	7
0	verstärkt	8

ken, in die Tat umzusetzen, und auch nicht vorhandene Anlagen zu *kompensieren*.

Mit der nachfolgenden Methode, Progression genannt, können wir **Verstärkungs**- und **Kompensationspunkte** errechnen, die uns die Möglichkeiten geben, genaue Aussagen über die Integration der einzelnen Aspekte in unsere Beziehung(en) zu machen. Die Deutungstexte dazu stehen im Kapitel "Verstärkungen/Kompensationspunkte im Composit-Numeroskop" ab Seite 199. Das Progressions-Composit wird folgendermaßen errechnet:

Progressionsermittlung

Ausgangspunkt ist das Composit-Numeroskop, mit den Anlage-Zahlen im **Innenkreis** und den durchgezogenen Linien für die **Aspekte**. Wir beginnen damit, die Typuszahl, die in der Mitte des Numeroskops steht, in den **Außenkreis** (Progressionskreis) zu übertragen, und zwar in das äußere **Plutofeld** unterhalb der **1**. Dort hinein schreiben wir die Typuszahl.

Dann werden alle im Innenkreis vorhandenen Zahlen entsprechend der Progression in den Außenkreis übertragen.

Die Progression wird durch den Partnerschafts-Typus vorgegeben, in unserem Beispiel **3**/30.

Vorweg: Zahlen, die mehrfach vorhanden sind, beispielsweise eine doppelte 4, werden auch in eben dieser Anzahl in den Außenkreis übertragen. In unserem Beispiel haben wir folgende Zahlen im Innenkreis: 2, 3, 4, 4, 5, 8, 9, 0 in den entsprechend bezeichneten Feldern stehen. Da es sich hier um den Partnerschaftstypus 3 handelt, übertragen wir auch die Zahlen nach der **Progressionstabelle** (siehe Seite 193) für Typus 3.

Wir schreiben also einmal die Typuszahl 3 in das Feld 1 und übertragen dann nach folgendem Schema vorhandene Zahlen aus dem Innenkreis in den Außenkreis: die 2 aus dem (Innenkreis) in

Progressionstabelle

Typus 0		**Typus 2**		**Typus 3**	
Anlage	in Feld	Anlage	in Feld	Anlage	in Feld
0	1	2	1	3	1
1	2	3	2	4	2
2	3	4	3	5	3
3	4	5	4	6	4
4	5	6	5	7	5
5	6	7	6	8	6
6	7	8	7	9	7
7	8	9	8	0	8
8	9	0	9	1	9
9	0	1	0	2	0

Typus 4		**Typus 5**		**Typus 6**	
Anlage	in Feld	Anlage	in Feld	Anlage	in Feld
4	1	5	1	6	1
5	2	6	2	7	2
6	3	7	3	8	3
7	4	8	4	9	4
8	5	9	5	0	5
9	6	0	6	1	6
0	7	1	7	2	7
1	8	2	8	3	8
2	9	3	9	4	9
3	0	4	0	5	0

Typus 7		**Typus 8**		**Typus 9**	
Anlage	in Feld	Anlage	in Feld	Anlage	in Feld
7	1	8	1	9	1
8	2	9	2	0	2
9	3	0	3	1	3
0	4	1	4	2	4
1	5	2	5	3	5
2	6	3	6	4	6
3	7	4	7	5	7
4	8	5	8	6	8
5	9	6	9	7	9
6	0	7	0	8	0

das Feld 0 des (Außenkreises) die 3 in das Feld 1, 2mal die 4 in das Feld 2, die 5 in Feld 3, die 8 in Feld 6, die 9 in Feld 7, 0 in Feld 8.

Leer bleiben folglich die Außenfelder 4, 5 und 9. Sie haben für die Betrachtung der Kompensations- und Verstärkungspunkte keine Bedeutung.

Verstärkungen: Wirksam sind alle Felder, die im Innen- sowie im Außenkreis mit Zahlen besetzt sind. Hier finden verstärkende Wirkungen statt. Und zwar verstärkt die äußere Progressionszahl die innere Anlagezahl. Unser Beispiel: die 4 verstärkt die 2, die 5 verstärkt die 3, die 0 verstärkt die 8 und die 2 verstärkt die 0.

Kompensationspunkte: Wirksam sind alle Felder, in denen der Außenkreis besetzt und der Innenkreis aber leer ist. Hier setzen wir einen sogenannten Kompensationspunkt hinein: In unserem Beispiel in die Anlagefelder 6, 9 und 3.

Auch hier erhöht sich die Wirkung, wenn Zahlenhäufungen in einem Feld vorliegen.

Bei einem **Kompensationspunkt** sprechen wir von einer Schwäche im Anlagekreis, die kompensiert, d.h. ausgeglichen werden muß. Bei einer **Verstärkung** wird eine vorhandene Anlage durch die progressive Zahl in der Wirkung erweitert und verstärkt.

An dieser Stelle erkennen wir den eigentlichen Wert des Composit-Numeroskops, da die Unterschiede in Anlage und Progression das Jetzt zeigen, was beide Partner gemeinsam integrieren und umsetzen müssen, um alle Möglichkeiten der Progression zu nutzen.

Eine weitere Möglichkeit ist das Bilden eines Aspektes durch zwei Verstärkungen. In diesem Fall fördert der damit zusammenhängende Aspekt Kreativität und Selbstbewußtsein, gleich an welcher Stelle dieser Aspekt im Numeroskop steht.

Er wirkt auf die Umwelt, die Vitalität des einzelnen und auf das Selbstvertrauen. Dieser Energieaspekt ermöglicht Durchsetzung durch Anpassung eigener Ideen und Pläne. Dieses Element wird meist aus anderen Inkarnationen "mitgebracht".

Verstärkungen und/oder Anlagen können nun mit den Kompensationspunkten zusätzliche Aspekte bilden. Kompensationspunkte gelten **zeichnerisch wie** eine Zahlenbesetzung, so daß nun ab Erreichen des Typus (im unserem Beispiel das 30. Lebensjahr) Innen- wie Außenkreis überprüft werden zur erweiterten Aspektebildung.

Aspekte: Composit-Numeroskop in der Progression
Composit-Datum: 20.9.1945, 4:38 Uhr
Beziehungstypus 3 / 30

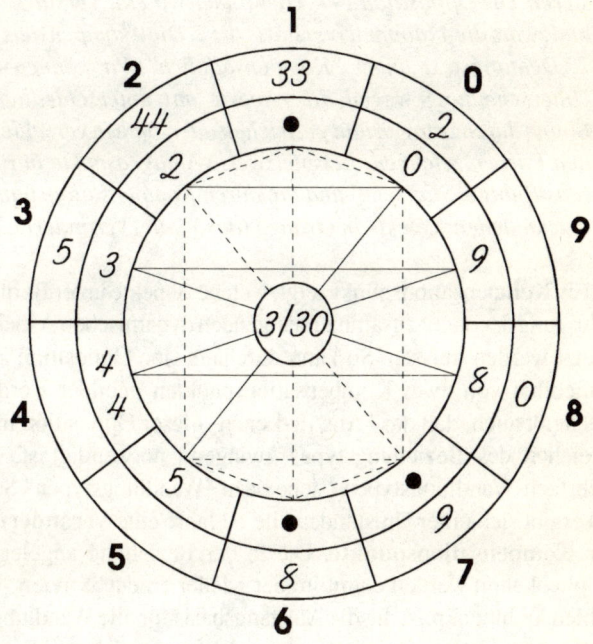

Unser Beispiel: Hier wird die 1 - 6 Opposition durch 2 Kompensationspunkte gebildet. Unter dem Kapitel für Kompensationspunkte lesen wir unter Beziehungstypus 3 die Deutungen 3 kompensiert 1 und 8 kompensiert 6. Die grundlegende Bedeutung der Opposition 1 - 6 ist im Kapitel "Numerologische Aspekte" beschrieben.

Kompensieren heißt ersetzen. Im äußeren Feld der 1 steht eine progressive Zahl (3), das Anlagefeld ist nicht besetzt. Die Zahlenqualität der 1 ist also nicht vorhanden und muß durch die Qualität der 3 ersetzt werden. Die 3 versucht nun, die nicht vorhandene 1 mit ihrer eigenen Wirkungsqualität zu kompensieren. Die Opposition 2 - 7. Hier finden wir eine Verstärkung, und zwar: die 4 (doppelt) verstärkt die 2. Die 9 kompensiert die 7. Deutungstext unter "Kompensationen". Wir können der Unterscheidung wegen die Aspekte mit unterschiedlichen Linien durchgezogen und gestrichelt oder auch in verschiedenen Farben zeichnen: beispielsweise Anlageaspekte in Blau (das Ruhige, Statische) und die durch Kompensationspunkte entstandenen Aspekte in Orange (das Vitale, Veränderliche).

Ein Kompensationspunkt zeigt, welche Aspekte unter Berücksichtigung der damit zusammenhängenden dynamischen Aspekte, ersetzt werden müssen. So kann durchaus eine Opposition ausschließlich von zwei Kompensationspunkten gebildet werden. Das heißt auch, daß das "Aus/Er-Leben" dieser Opposition nach Erreichen des Beziehungstypus zwingend notwendig ist. Bei Mehrfach-Wandlungstypen (siehe dazu "Wandlungstypen" Seite 54) ergibt sich unter Umständen alle 10 Jahre eine **Veränderung der Kompensationspunkte.** Die in der Beziehung angelegten Möglichkeiten werden damit immer wieder erneut aktiviert. Die Zahlen im Innenkreis, die die Ausgangsbasis für alle Wandlungen bilden, verändern sich niemals - damit müssen wir leben. Aber wir erhalten durch die Progression(en) eine neue Chance, sie in erweiterter Form zu entwickeln. Mit Hilfe der Progression können wir genaueres über die Zukunft unserer Beziehung(en) herausfinden. Sie verweisen auf eine zu starke oder zu schwache Beziehung der verschiedenen Bereiche einer Partnerschaft und zeigen den Weg zum Ausgleich. Und dieser Ausgleich ist umso notwendiger, als die starren Strukturen auf Wandlung drängen.

Sinn dieses Prozesses ist die Synthese von Statik (Innenkreis) und Dynamik (Außenkreis) einer Beziehung.

Je mehr Kompensationspunkte sich in einem Numeroskop finden, desto mehr will in diesem Leben gelernt sein. Ein Mensch mit einer "schwierigen" Lebensaufgabe ist immer auch ein Mensch, der sich viel vorgenommen hat auf dem Weg zur Vervollkommnung. Bilden sich im Composit-Numeroskop weder im Anlagenoch im Progressionskreis irgendwelche Aspekte, so werden nur die Einzelvergleiche von Spiegelzahlen, Typus- und Mondknotenstellungen als gemeinsame Lernfaktoren betrachtet. In solchen Fällen sind eher Berufs- oder Geschäftsbeziehungen angesagt, die aber zumeist auch nicht langfristig angelegt sind.

Je weniger Übereinstimmungen es zwischen den Schicksalszahlen und Aspekten zweier Menschen gibt, desto häufiger handelt es sich dann um Partnerschaften, die zwar grundlegende Bedürfnisse erfüllen, nicht aber gemeinsam höhere, feinstoffliche Ebenen der Erfahrung miteinander teilen können.

Die Deutungsschritte in der Zusammenfassung:

* Gibt es übereinstimmende **Schicksalszahlen**?
* Wie viele Übereinstimmungen gibt es?
* Ergibt sich eine **Polarität** beider **Persönlichkeitstypen**?
* Ergibt sich eine **Polarität** beider **Karmapunkte**?
* Gibt es gemeinsame **Spiegelzahlen**?
* Gibt es **Zahlenhäufungen**?
* Erstellung der **Einzel-Numeroskope**
* Ermittlung der **gemeinsamen Anlage-Aspekte**
* Ermittlung des **Composit-Numeroskops**
* Ermittlung von **Kompensations**- und **Verstärkungszahlen**

Verstärkungen im Composit-Numeroskop

Verstärkungen und Kompensationen sind für das Partnerschafts-oder Composit-Numeroskop besonders wichtig. Aus diesem Grund gibt es für jeden Aspekt einen Kurztext zur Deutung. Wie alle Aussagen und numerologischen Interpretationen sind sie nicht als Schicksal zu begreifen. Vielmehr zeigen die Verstärkungspunkte Seelenanteile und Charaktereigenschaften, die wir bereits integriert haben. Kurz: Verstärkungen verstärken die Partnerschaft. Kompensationspunkte hingegen weisen uns auf Unbewußtes und Unverarbeitetes. Kompensationspunkte hemmen demnach die Partnerschaft. Gleichzeitig schaffen sie die Reibungsflächen, an denen die Partnerschaft (und mit ihr die Partner) sich entwickeln kann. Oberflächlich betrachtet, erscheinen die Verstärkungen "gut", die Kompensationen hingegen "schlecht". Das jedoch stimmt keineswegs. Damit das Bewußtsein kraftvoll sein kann, muß es an Konflikten und Spannungen wachsen, die es erden. Nur ein Baum mit tiefen, kräftigen Wurzeln kann hoch in den Himmel streben.

Es sei nochmals darauf hingewiesen, daß sich die folgenden Deutungen ausschließlich auf des Composit-Numeroskop beziehen und für die Deutung das Einzel-Numeroskops nicht berücksichtigt werden dürfen.

Beziehungstyp 2

2 verstärkt 1

Unter diesem Aspekt finden beide Partner ihre Mitte, so daß sie aus sich heraus geistig-seelische Weiterentwicklung anstreben. Häufig wird Anschluß an eine spirituelle Gruppe gesucht. Neptun und Pluto in Konjunktion bringen unbewußte Potentiale ans Tageslicht. Ihre Verwirklichung bietet sich an.

3 verstärkt 2

Die Partner haben Phantasie und können sich durchsetzen. So werden sie ihre Pläne auch in die Tat umsetzen. Entscheidungs-freude auf der Grundlage eines gemeinsamen Willens.

4 verstärkt 3

Man beginnt nicht dauernd Neues, sondern betreut verantwor-tungsvoll das bereits Verwirklichte. Saturn nimmt Uranus etwas von seiner sprunghaften Energie. Die Aufgabe ist, sich auf das Wesentliche zu beschränken.

5 verstärkt 4

Ein guter Aspekt für geschäftlichen und finanziellen Erfolg. Auf der Grundlage ihrer nachweislich sinnvollen Ideen können beide beruflich und finanziell mittelfristig planen und investieren. Außerdem wahrscheinlich eine harmonische Verbindung zwi-schen einem bodenständig-konservativen und einem enthusia-stisch-zukunftsorientierten Partner. Auf der Basis der 4 (Saturn) wird die Expansion der 5 (Jupiter) sinnvoll.

6 verstärkt 5

Zwei optimistische Menschen mit großer Begeisterungsfähig-keit. Realitätssinn befeuert von der vitalen Mars-Energie der 6.

Gut für geschäftliche Transaktionen! Großes Interesse an Sport und Fitness.

7 verstärkt 6
Numerologische Sonne-Mars Konjunktion. Schöpferischer Machtimpuls verbunden mit aggressiver Durchsetzungskraft. Dieser Aspekt steht für sexuelle Anziehungskraft und Rivalität auf der materiellen Ebene.

8 verstärkt 7
Dieser Aspekt symbolisiert soziale Anerkennung, Sympathie, Zuneigung, Freundschaft und Selbstlosigkeit. Lebensfülle (7) und Ästhetik (8) ergänzen sich in harmonischer Weise. Das gegenseitige Vertrauen wird gefördert und es kommt zu einem tieferen Zusammenhalt.

9 verstärkt 8
Gegenseitiges Verständnis für spirituelle und soziale Engagements sowie gemeinsames Streben nach Lern- und Transformationsprozessen zur Neugestaltung der Beziehung auf geistiger Ebene. Kulturelle und künstlerische Begabungen werden gefördert.

0 verstärkt 9
Telepathische Verbindung innerhalb der Partnerschaft. Stillschweigendes Verstehen auf transzendenter Ebene. Künstlerische und spirituelle Vorhaben lassen sich in die Tat umsetzen.

1 verstärkt 0
Heftiges sexuelles Verlangen. Beide können sich im Zusammenleben ohne Selbstaufgabe harmonisch entfalten

Beziehungstyp 3

3 verstärkt 1

Grundspannung zwischen Herrschaftsanspruch und Freiheitsdrang. Heftiges Verliebtsein und unkonventionelles Verhalten werden die innere Verbundenheit hemmen. Förderlich ist, sich für die Ziele des Partners begeistern und einsetzen zu können.

4 verstärkt 2

Beide konzentrieren sich sehr kreativ und mit ganzer Seele auf Planung und Gestaltung der materiellen Seite des Lebens. Sie sind dabei innerlich offen, so daß sie immer genau wissen, was der andere denkt und fühlt. Sehr viel gegenseitige Unterstützung.

5 verstärkt 3

Man respektiert die Gefühle und Gedanken des anderen und ermutig ihn zu authentischem Selbstausdruck. Beide haben Organisationstalent und verstehen es, realistisch zu planen. Kein Wunder, daß man dann Erfolg damit hat.

6 verstärkt 4

Aspekt des großen Geschäfts und Gewinns. Trotzdem nichts überstürzen. Auch wenn man meint, alles in Gold verwandeln zu können, bleibt man mit den Füßen besser auf dem Boden. Eine 7 oder das Kraftpoltrigon im Numeroskop verleiht, wenn vorhanden, die notwendige Bodenhaftung.

7 verstärkt 5

Große Sympathie beflügelt beide, an eine gemeinsame Zukunft zu glauben und an dieser zu arbeiten. Es scheint, als würde die Sonne bei diesem Paar auch nachts scheinen!

8 verstärkt 6

Man hilft einander bei der Umwandlung reiner Sexualenergie in höhere Energieformen. Verfeinerung reiner Vitalkraft zu schöpferisch-künstlerischer Gestaltung. Erhöhung der Sexualität durch die ihr innewohnende Spiritualität.

9 verstärkt 7

Vielseitige und erfolgreiche materielle Interessen. Anfängliche Hingabe wird entweder vertieft oder verwandelt sich in Mißtrauen.

0 verstärkt 8

Häusliche und emotionale Harmonie gleichen Spannungen aus, die aus dem Beruf oder über das gemeinsame sozialen Engagement in die Beziehung getragen werden. Man liebt und respektiert sich. Das ist die beste Therapie.

1 verstärkt 9

Starkes sexuelles Verlangen. Man fühlt sich geradezu magnetisch zum anderen hingezogen. Für die Beziehung ist jeder Tag ein neuer Tag. Nur nicht klammern, sondern sich immer wieder ganz spontan und offen dem anderen und dem gemeinsamen Leben zuwenden.

2 verstärkt 0

Ausgeprägte Intuition. Stimmungen und Gefühle werden in hohem Maß ausgetauscht. Reine Gefühlsbeziehung. Entspannung und Muße sind angesagt.

Beziehungstyp 4

4 verstärkt 1
Man ist pflicht- und verantwortungsbewußt, und trotzdem läßt jeder dem anderen die Freiheit, die er braucht. Allerdings kann diese Freiheit zum Schaden der Partnerschaft in Selbstsucht und Egozentrik umschlagen.

5 verstärkt 2
Beide Partner fördern sich gegenseitig und bestärken sich in ihren spirituellen und religiösen Idealen. Selbstloses Dienen erfordert Charakterstärke und Integrität.

6 verstärkt 3
Man ist sehr ehrgeizig und neigt zu überstürzten Entscheidungen. Beide Partner beharren auf ihrer Unabhängigkeit, manchmal sogar recht aggressiv, denn es fehlt das Vertrauen.

7 verstärkt 4
Strebsam verfolgt man gemeinsame Ziele, aber unterstützt auch den anderen bei allen seinen Vorhaben. Gegenseitige finanzielle Absicherung und Bereicherung.

8 verstärkt 5
Man lebt bewußt und genießt infolgedessen große Harmonie. Beide Partner treten souverän auf, sind attraktiv und haben Charme.

9 verstärkt 6
Geistige Beweglichkeit und physische Vitalität in disharmonischem, einander ständig bekämpfendem Aspekt, der sich bei hoher spiritueller Entwicklung allerdings nicht mehr auswirken kann. Spirituelle Reife vorausgesetzt, kann man gemeinsam vernünftig zusammenleben, planen und arbeiten.

0 verstärkt 7

Er spiegelt sich in ihr, sie in ihm: tiefe Sympathie und Übereinstimmung .

1 verstärkt 8

Wechselseitig magnetische Anziehungskraft. Schöpferische Lebensimpulse und Kreativität führen in allen Lebensbereichen zum Erfolg.

2 verstärkt 9

Ausgeprägte Phantasie. Beide überbieten sich mit Ideen und Kreativität. Mitunter Gefahr der Oberflächlichkeit.

3 verstärkt 0

Originelles und willensbetontes Streben auf dem Weg zur Ganzheit. Vorstellungen und Impulse aus dem Unbewußten nehmen konkrete Gestalt an.

Beziehungstyp 5

5 verstärkt 1

Zwei Koordinations- und Organisationstalente, die sich gegenseitig inspirieren aber auch dominieren möchten. Sie haben den 7. Sinn für materiellen und weltlichen Erfolg.

6 verstärkt 2

Mit Mut (6) und Phantasie (2) setzen beide ihre Ideen künstlerisch und kreativ um. Mitunter kann sich ein Partner überfordert fühlen, weil dieser Aspekt mit seinen mächtigen Energien den Leistungswillen fast ins Unermeßliche steigert.

7 verstärkt 3

Originalität, Schöpferkraft und Phantasie verbinden sich mit ästhetischer und zukunftsorientierter Gestaltung. Beide Partner sind dem Zeitgeist innerlich und äußerlich ein Stück voraus.

8 verstärkt 4

Stabiles Gefühlsleben. Beide haben einen ausgeprägten Sinn für Gerechtigkeit, Verhältnismäßigkeit und Ausgewogenheit. Man möchte lange zusammen leben und in der Beziehungen mit allen Rechten und Pflichten verantwortungsvoll wahrnehmen.

9 verstärkt 5

Große Sehnsucht nach geistiger Weiterentwicklung verbindet die Partner. Ideen, Pläne, Phantasien werden konkretisiert, trotzdem Gefahr der Verzettelung, weil man sich für zu viele geistige Wege interessiert und sie am liebsten alle gleichzeitig gehen möchte. Befriedigend wird die Beziehung, wenn einer Partner in seinem persönlichen Numeroskop über das Kraftpol-Trigon verfügt; förderlich ist auch die Konzentration möglichst vieler Zahlen im linken Halbkreis des Diagramms.

0 verstärkt 6

Der Aspekt instinktiven und triebgesteuerten Verhaltens: Man lebt seine Gefühle auf der Ebene des Wurzel-Chakras aus und mißbraucht die Sexualität unter Umständen als Macht- oder Druckmittel.

1 verstärkt 7

Materieller Wohlstand. Aber dieser Glücksaspekt verheißt nicht nur Geld, sondern darüber hinaus für beide Gesundheit und Erfüllung in Beruf, Ehe und Familie.

2 verstärkt 8

Interesse an Kunst und Kultur verbindet sie. Einfühlsam und wohlwollend unterstützen sie sich in ihren Neigungen.

3 verstärkt 9

Reger Gedankenaustausch und geistige Sympathie.

4 verstärkt 0

Zwei Esoteriker mit gesundem Realitätssinn und der Fähigkeit ihre geistigen Interessen in die Tat umzusetzen. Die Saturn-Energie der 4 dämpft die Begeisterung, ohne die gesunde Neugier auf das Unbekannte zu ersticken

Beziehungstyp 6

6 verstärkt 1
Die Partner wollen ihre sexuellen Energien ohne Verzicht auf die Sexualität transformieren. Neigung zu tantrischen oder vergleichbaren Praktiken

1 verstärkt 6
Schier unersättlicher Machthunger isoliert dieses Paar von ihren Mitmenschen, wenn sie ihre ungeheuren Energien nur in den Dienst ihres Ich und ihrer persönlichen Interessen stellen.

7 verstärkt 2
Die Lebensfülle der 7 manifestiert sich hier als umfassendes Mitleid und Opferbereitschaft. Diese beiden Menschen sind wirklich füreinander da.

2 verstärkt 7
Helfen und Heilen sind das Thema der Partnerschaft. Man möchte auch auf den transpersonalen Ebenen verantwortungsvoll füreinander da sein.

8 verstärkt 3
Die Frau verstärkt die Animus-Energie des Mannes durch Integration ihrer eigenen Gefühle.

3 verstärkt 8
Der Mann erweckt seine Anima über die Aufarbeitung seiner emotionalen Vergangenheit. Beide Aspekte (8/3 und 3/8) verweisen grundsätzlich auf den Energieaustausch zwischen Männlichem und Weiblichem. Der kann sich überall, auch in der Politik oder im gesellschaftlichen Handeln, auswirken.

9 verstärkt 4

Während ein Partner sich geistig und seelisch entwickelt, möchte der andere die Beziehung gern auf dem bestehenden Niveau halten. Konflikte und Streit, weil einer von beiden sich in den Hintergrund gedrängt fühlt.

4 verstärkt 9

Die Frau fühlt sich eingeengt, weil sie meint, nicht frei handeln und denken zu dürfen. Außerdem wird sie nach ihrer Ansicht zu sehr beansprucht und belastet. Unbedingt das Verhältnis zum eigenen Vater untersuchen und klären.

0 verstärkt 5

Erfüllung durch spirituelle und/oder therapeutische Tätigkeit. Man verwöhnt sich selbst nach allen Regeln der Kunst und verspürt danach den Wunsch, sein Glück mit anderen zu teilen und/oder sie ein Stück auf dem Weg zu diesem Glück zu begleiten.

5 verstärkt 0

Beide machen sich die vergangenheitsbedingten Verhaltensmuster ihrer Gefühlsstruktur bewußt. Erfolgreiche Planung und Gestaltung des gemeinsamen Weges. Zwei Menschen, die schließlich "aus dem Bauch heraus" denken und handeln.

Beziehungstyp 7

7 verstärkt 1

Konkurrenzdenken und der Kampf um die Vorherrschaft belasten die Beziehung. Beide wollen ihre Vorstellungen durchsetzen. Ein bißchen guter Wille ist gefragt, dann kann diese explosive Mischung noch eine stabile und verläßliche Freund- und Partnerschaft werden.

8 verstärkt 2

Man gibt und nimmt, ohne viel darüber nachzudenken. Das eine geht fließend in das andere über. Die Partner sind füreinander da und unterstützen sich gegenseitig in ihren, kreativen, künstlerischen und musischen Interessen und Begabungen.

9 verstärkt 3

Reger und origineller Gedankenaustausch ist möglich, bis man sich beinahe blind versteht. Dieser Aspekt fördert intuitives Verstehen und originelle Einfälle.

0 verstärkt 4

Der eine will die Partnerschaft in Privatleben und Beruf aus der Intuition heraus gestalten und ausfüllen, der andere sie möglichst systematisch ordnen - mit dem Ergebnis, daß man sich viel zu oft mit immer ausgeklügelterem Abwehrverhalten vor dem anderen zu schützen sucht.

1 verstärkt 5

Dieser Aspekt verstärkt den weltlichen wie den spirituellen Ehrgeiz. Beide Partner besitzen großes Organisationstalent, das auch dem "Unsichtbaren" klare und sichtbare Konturen verleihen kann.

2 verstärkt 6

Alle Ideen werden zielstrebig umgesetzt. Gemeinsam schaffen sie ein vitales Kraftfeld, das schließlich Eigendynamik entwickelt und den gewünschten Erfolg bringt.

3 verstärkt 7

Zwei kreative Geister haben sich gefunden. Beide haben Ideen in Hülle und Fülle und helfen sich gegenseitig bei der Umsetzung. Auf der Grundlage des Gleichklangs der Persönlichkeiten macht das keine Probleme, sondern Spaß.

4 verstärkt 8

Die Fähigkeit zum Ausgleich fördert in diesem Fall das Bestreben, die Beziehung möglichst fest zu ordnen. Alles geht seinen Gang in normalen Bahnen. Die Venus-Energie der 8 wird arg eingeengt. Unter Umständen leiden dann beide Partner unter der leblosen Routine ihrer Beziehung.

5 verstärkt 9

Sie haben Schwung, bleiben ineinander verliebt und behalten alles im Griff. So können sie sich in den unterschiedlichsten Bereichen kreativ einsetzen. Eine gesunde Transformation vom rein Weltlichen ins Universale ist möglich.

6 verstärkt 0

Ein ungleiches Paar (Mars- Mond Konjunktion!). Wer den aggressiv-dominanten Part spielt, hängt vom Anlage-Numeroskop ab.

Beziehungstyp 8

8 verstärkt 1
Der Aspekt der Vernunft- und nicht der Liebesheirat. Eifersucht und der Trieb, den anderen auch emotional völlig zu besitzen, können die Beziehung zerstören.

9 verstärkt 2
Vergangenes wird aufgearbeitet. Das ist zwar aufreibend, aber gleichzeitig befreiend.

0 verstärkt 3
Wechselhafte, zuweilen launische Gefühle. Die anfängliche Verliebtheit schwindet rasch, denn sie beruht nur auf flüchtiger magnetischer Anziehung.

1 verstärkt 4
Die Zwei haben sich gesucht und gefunden, aber nicht, um wunschlos glücklich miteinander zu werden. Beziehungsthema ist vielmehr das Loslassen destruktiver Gefühle und Verhaltensmuster - und das kann anstrengend werden.

2 verstärkt 5
Eine Verbindung zweier Seelen, die in vergangenen Leben (vielleicht schon mehrmals) zusammengekommen sind. Das Lebens- und Beziehungsziel weist über das Diesseitige hinaus.

3 verstärkt 6
Unkonventionell und willensstark in der Beziehung, setzen sie sich auch nach außen durch, denn sie begreifen sehr schnell, was sie für den beruflichen, finanziellen und gesellschaftlichen Erfolg tun müssen.

4 verstärkt 7

Man ist (wahrscheinlich unbewußt) zusammengekommen, um Ausdauer und Disziplin in weltlichen Belangen zu erlernen. Der nach Anlehnung und Zärtlichkeit suchende Partner fühlt sich unterdrückt. Ein Aspekt, der sich nur für kurzfristige oder mittelfristig für rein geschäftliche Beziehungen eignet. Erkennen beide Partner den Wert der stabilisierenden Funktion ihres Verhältnisses, können sie auch länger in aller Zufriedenheit zusammen bleiben.

5 verstärkt 8

Im Grunde für Liebe und Ehe ein Traum von einem Aspekt. Voraussetzung für ein glückliches Verhältnis ist allerdings eine großzügig ausgestattete materielle Basis. Ist sie vorhanden, dann werden die beiden sehr glücklich miteinander. Eine vielseitige Beziehung, in der sich die Partner wunderbar ergänzen.

6 verstärkt 9

Über einen Mangel an Abwechslung wird man sich nicht beklagen können. Lebendiger Gedankenaustausch, spontaner Sex, alles drin in dieser sprichwörtlichen Beziehungskiste. An einem Tag kämpfen beide um die Vorherrschaft, am nächsten Tag einigen sie sich darauf, daß "leben und leben lassen" doch auch ein ganz angenehmes Motto für die Beziehung wäre. Und zuweilen geht man auch recht schlampig miteinander um, tut, was einem gerade in den Sinn kommt und denkt nicht an die Folgen.

7 verstärkt 0

Unbegrenzte Möglichkeiten im okkulten, sozialen und therapeutischen Bereich, wenn die 5-7 Elemente-Kombination und/ oder das Kraftpol-Trigon in einem Anlage-Numeroskop vorhanden sind.

Beziehungstyp 9

9 verstärkt 1

Dieser Aspekt gibt zwei mögliche Formen der Beziehung vor. Entweder die Partner beobachten und belauern sich und weisen einander die kleinsten Vergehen gegen ein unerreichbares Beziehungsideal vor oder sie sind sehr bewußt und machen einander auf der Grundlage ihrer Analyse gegenwärtiger und vergangener Beziehungsmuster sehr glücklich.

0 verstärkt 2

Erkenntnis und Erleuchtung sind das Lebensziel. Für das normale Leben und gewöhnliche Belange haben beide Partner nicht allzuviel übrig. Keiner will die spirituelle Suche des anderen stören. Manchmal ist das alles jedoch nur pure Verlogenheit, die über finanzielle und sexuelle Probleme hinwegtäuschen soll.

1 verstärkt 3

Harmonische Ergänzung; wechselseitige Verstärkung von Kreativität und Individualismus. Gemeinsame Interessen fördern die Beziehung.

2 verstärkt 4

Eine wohldurchdachte Beziehung, in der die Partner auf sich selbst und aufeinander Rücksicht nehmen. Man verbringt viel Zeit mit dem Planen der gemeinsamen Zukunft. Wahrscheinlich handwerkliche Ambitionen oder Hobbys.

3 verstärkt 5

Man kommt in dem Wunsch zusammen, sich nicht aneinander festhalten zu wollen. Man braucht und gewährt Freiräume. Im berufsbedingten Verhältnis verweist dieser Aspekt auf Dienstleistungen.

4 verstärkt 6

Schwieriges Zusammenleben in materieller Hinsicht. Unzureichender Freiraum für gegenseitigen Respekt. Einer will offen sein, der andere alles totschweigen. Ein kaum zu überbrückender Gegensatz.

5 verstärkt 7

Ein diszipliniertes Zusammenleben. Die Partner fühlen sich beim anderen gut aufgehoben und geborgen. Thema ihrer Beziehung ist die Stärkung von Liebe und gegenseitigem Vertrauen. Man fühlt sich wohl, arbeitet nur für angemessene Bezahlung und unternimmt auch privat sehr viel gemeinsam.

6 verstärkt 8

Sexuell ist zwischen diesen beiden alles möglich: von verspielter Zärtlichkeit bis wilder Leidenschaft. Eine alles andere als "platonische" Liebe. Leider nimmt sie häufig keinen glücklichen Verlauf, sondern führt zu Eifersucht, Mißgunst und zwanghaftem Festhalten des Partners. Für seelisch und spirituell reife Menschen jedoch ist diese Verbindung besonders befriedigend.

7 verstärkt 9

Die Partner wissen, die Fülle des Lebens gemeinsam zu genießen und wollen dabei auch alle Möglichkeiten ausschöpfen. Bei ungeklärten materiellen Verhältnissen und emotionalem Ballast lassen sich diese schönen Idealvorstellungen allerdings nicht verwirklichen.

8 verstärkt 0

Eine Verbindung, die in beiden Partnern latente Heilkräfte und künstlerische Begabungen verstärkt, vorausgesetzt diese können aus den Quellen erfahrener Spiritualität schöpfen. Beide haben das Gefühl, sich schon "seit Ewigkeiten" zu kennen.

Beziehungstyp 0

0 verstärkt 1
Intensiver Gefühlsaustausch und feines Gespür für die kosmischen Zusammenhänge des Lebens. So viel Liebe strömt auf die Partner zurück, daß die Tiefe der Bindung ihnen womöglich Angst macht. Aber sie sind einfach füreinander bestimmt und glauben an ihre Aufgabe, das Leben nach Kräften uneigennützig zu fördern. Immer wieder - und immer wieder neu. Dabei fühlen sie sich nicht allein, sondern mit helfenden Kräften verbunden.

1 verstärkt 2
Gemeinsame Interessen in Politik, Kunst, Spiritualität. Man unterstützt und fördert einander. Trotzdem ein zwiespältiger Aspekt, denn die Liebe wandelt sich zuweilen in Herrschaftsansprüche und aus Hingabe wird krampfhaftes Festhalten. Intensives Zusammensein und Einsamkeit wechseln in ewiger Folge.

2 verstärkt 3
Ähnlich gelagerte soziale, politische und spirituelle Vorstellungen führen und halten diese Menschen zusammen. Spontaneität und Willen werden in den Dienst der Gemeinschaft gestellt. Allumfassende Gerechtigkeit ist das wahre Lebensziel.

3 verstärkt 4
Beide Partner wissen, was sie von sich und vom anderen verlangen können und gehen sehr offen aufeinander zu. Sie leben ihre Möglichkeiten voll aus, ohne den anderen zu verletzen.

4 verstärkt 5
Die Frau übernimmt die Rolle der Beschützerin. Sie hilft dem Mann sich in Beruf und Gesellschaft zu verwirklichen.

5 verstärkt 6
Der Aspekt der Verwirklichung (fast aller irdischen) Wünsche und Ziele. Enthalten die Geburtsdaten mehr ungerade als gerade Zahlen, verläuft die Beziehung eher geschäftsmäßig; bei mehr geraden Zahlen nutzt man den materiellen Wohlstand, um zu reisen, sich weiterzubilden es sich einfach gutgehen zu lassen!

6 verstärkt 7
Kreative Fülle - aber leider mehr in der Vorstellung als in der Wirklichkeit.

7 verstärkt 8
Häusliches Glück. Gemeinsame politische, philosophische und esoterische Interessen bereichern und erneuern die Liebe.

8 verstärkt 9
Zwei Menschen, die bereit sind, alte Vorurteile und Konditionierungen aufzugeben. Für sie ist das Leben eine kontinuierliche Meditation, die zu immer tieferen Formen des Dienens an der Schöpfung führt.

9 verstärkt 0
Man will Gefühle zeigen und darüber reden. Zwei Menschen, die viel Zeit für Kommunikation und Zärtlichkeit brauchen. Der Gedankenaustausch kreist um globale Zusammenhänge und die großen Transformationsprozesse der Menschheit.

Kompensationspunkte im Composit-Numeroskop

Nur über einem leeren Innenfeld bei gleichzeitiger Zahlenbelegung kann im Außenfeld ein Kompensationspunkt erscheinen. Gehört die Beziehung zu einem Wandlungstyp, werden sich bei jeder Wandlung zusätzliche Kompensationspunkte ergeben, die die alten überlagern. Was nicht bedeutet, daß die von den alten Kompensationspunkten angedeuteten Aspekte schon gelöst sein müssen. Das Bild wird also sehr komplex.

Grundsätzlich handelt es sich bei den Kompensationspunkten um Hinweise auf das karmische Erbe, denn sie ersetzen mit ihrer eigenen Energie eine fehlende Zahl in der Anlage. Sie gleichen also ein Ungleichgewicht aus. Steht im Außenfeld der 1 eine 3, so heißt dies: die 3 ersetzt mit ihrer charakteristischen Schwingung die Schwingungen der fehlenden 1.

In diesem Sinn deuten die Kompensationspunkte auf Dunkelstellen in unserer Entwicklung zum Selbst. Sie stößt uns auf Lebensbereiche und Verhaltensstrukturen, die wir in vergangenen Existenzen vernachlässigt haben und beinhalten oft eine einzulösende Verpflichtung. Eben gegen diese haben wir damals Widerstände aufgebaut, vielleicht weil die damit verbundenen Veränderungen unserem Ich großen Schmerz bereitet haben. Der Schmerz taucht nun in Gestalt der Kompensationspunkte über die Progressionen im Numeroskop wieder auf.

Die Kompensationspunkte sind der Spiegel, den unsere Umwelt uns vorhält, damit wir uns besser sehen und näher kennenlernen können.

Beziehungstyp 2

2 kompensiert 1
Die gemeinsame Freiheit erschöpft sich in kreativen Zukunfts-
visionen. Zwei eher häusliche Wesen, die sämtlichen "Gruppen"
eher reserviert begegnen. Wenn die Vergangenheit aufgearbeitet
wird, dann nur unter vier Augen.

3 kompensiert 2
Die Partner sind eher praktisch als philosophisch veranlagt.
Man will etwas erreichen und setzt den gemeinsamen Willen dafür
ein.

4 kompensiert 3
Ein Partner gibt sich besonders fleißig, strebsam und zuverlässig und steht deswegen im Vordergrund. Der andere wirkt gehemmt und in seiner Entscheidungsfreiheit eingeschränkt.

5 kompensiert 4
Man ist optimistisch und will auf der Grundlage des Bestehen-
den expansiv etwas Neues schaffen. Dieser Aspekt zeigt einen
Neubeginn in Beruf, Finanzen und sozialen Kontakten an.

6 kompensiert 5
Eher dynamisches als systematisches Handeln. Der Wille zum
Neubeginn erscheint auf den ersten Blick chaotisch, wird sich
jedoch trotzdem praktisch und greifbar durchsetzen.

7 kompensiert 6
Eine befruchtende Partnerschaft. Die fast überwältigende gegenseitige Inspiration kann jedoch in Mißtrauen und Mißgunst
umschlagen. Wenn die Beziehung funktionieren soll, sind zusätzlich viele ausgleichende und harmonisierende Aspekte nötig.

8 kompensiert 7

Die feinstoffliche Komponente dieses Aspekts deutet an, daß man das gemeinsame Leben trotz vieler äußerer Verpflichtungen und Aufgaben introvertierter gestalten sollte. Ein bißchen Zurückgezogenheit täte gut.

9 kompensiert 8

Potentiell eine ausbaufähige Beziehung, vorausgesetzt die Partner schränken ihrer Schwärmerei ein und erfüllen die Forderungen, die der Alltag an sie stellt. Von der Ausgangslage jedoch ein eher symbiotisch-ungesundes Verhältnis: ein Partner ist fürs Gefühl zuständig, der andere für die Kommunikation mit der übrigen Welt.

0 kompensiert 9

Der Aspekt der Rückbesinnung auf Ruhe und Innenschau. Neues sollte man nicht anfangen, sondern ohne Beschönigung feststellen, welche "Ernte" die letzte "Saat" gebracht hat.

1 kompensiert 0

Neuanfang auf allen Ebenen. Das erwachte Selbstbewußtsein wird sich nun nach allen Seiten und in allen Bereichen entfalten. Die Partner leben die Eigenschaften aus, die sie aus Meditation und Kontemplation gewonnen haben.

Beziehungstyp 3

3 kompensiert 1

Der labile Teil, die ungelebten Gefühle, werden durch spontane Ideen und Eigeninitiativen überdeckt. Expansives Verhalten verhilft bei diesem Aspekt zu keiner Lösung des fehlenden Selbstvertrauens.

4 kompensiert 2

Praxis ersetzt Theorie. Ständiges Herumtüfteln wird durch Handlungsbereitschaft und realitätsnahes Denken ersetzt.

5 kompensiert 3

Dieser Aspekt zeigt grundverschiedene Einstellungen im religiösen und spirituellen Bereich. Geduld und gegenseitiges Vertrauen werden auf die Probe gestellt.

6 kompensiert 4

Der Unternehmungsgeist bricht hier jäh ab. Ein Partner packt die Verwirklichung der gemeinsamen Ziele nicht entschlossen genug an. Falls Kraftpoltrigon und/oder die 5-7 Elemente Kombination vorhanden sind, wird aber schließlich doch Initiative ergriffen, und man sucht neue Ufer.

7 kompensiert 5

Unausgewogene Beziehung, weil nur ein Partner die berufliche und finanzielle Verantwortung trägt. Mangelnde Homogenität führt zur Zerreißprobe.

8 kompensiert 6

Eifersucht und Kontrolle überdecken den Gegenaspekt. 8 verstärkt 6 der Homogenität in der Beziehung. Einer von beiden dominiert mit seinen Gefühlen und will klammern. Es sollten die sexuellen Zusammenhänge im Leben als Projektionsfläche materieller Durchsetzungskraft überdacht werden.

9 kompensiert 7
Festgefügte und sichere Verhältnisse zerfallen, weil man sich in allen Bereichen neu orientieren möchte. Da sich dies nicht vermeiden läßt, sollte man in diesem Sinn beherzt weitermachen.

0 kompensiert 8
Mit ständiger Anpassung versucht man sich über Gegensätze hinwegzutäuschen. Die Partner investieren mehr Energie in das häusliche Glück als in Karriere und gesellschaftliche Stellung.

1 kompensiert 9
Kreativer Machtanspruch auf der einen, kreativer Geist auf der anderen Seite. Aus sehr unterschiedlichen Idealen und Vorstellungen werden viele Schwierigkeiten für die Beziehung erwachsen. Man kann sich nur schwer aufeinander einstellen.

2 kompensiert 0
Man geht auf Stimmungen des anderen ein und erwidert seine Gefühle. Sie leben ihre spirituellen Begabungen sehr kommunikativ aus. Vielleicht überfordert die weibliche Seite den Partner mit ihren emotionalen Ansprüchen.

Beziehungstyp 4

4 kompensiert 1

Handelnd gestalten sie ihre äußeren Lebensumstände und legen wert auf gesellschaftlichen Umgang. Man will sich in der Welt durchsetzen und verwirklichen.

5 kompensiert 2

Divergierende Weltanschauungen stören den Energiefluß in der Beziehung. Man streitet sich über die zu schleppende Verwirklichung gemeinsamer Vorhaben. Ein Quadrat würde diese negativen Tendenzen verstärken.

6 kompensiert 3

"Ellenbogen-Mentalität". Man will den Erfolg, und zwar sofort. Sie halten weder viel von systematischer Entwicklung noch nehmen sie Rücksicht auf andere. In dieser Hinsicht müssen sie einiges hinzulernen.

7 kompensiert 4

Ein Partner möchte die Beziehung noch fester und stabiler machen. Der andere fühlt sich davon wahrscheinlich eingeengt. Das Vertrauen wird auf eine harte Probe gestellt.

8 kompensiert 5

Ähnlich dem Aspekt 8 verstärkt 5, jedoch ist das sich gegenseitige Erfühlen nicht so harmonisch, da derjenige von beiden mit mehr Trigon-Aspekten emotional zu stark dominiert.

9 kompensiert 6

Spannung zwischen intellektuellen und vitalen Interessen. Schließlich setzen sich die flexibleren Geistimpulse durch.

0 kompensiert 7

Geistige Wandlungsfähigkeit und nachlassendes Interesse an allem "Weltlichen" verbinden sich zu neuer Einheit, die zu transzendenten Ufern strebt und sich aus der Vielfalt der Erscheinungen zurückzieht.

1 kompensiert 8

Der männliche überschattet im Gefühlsleben den weiblichen Partner. Es fehlt an Vertrauen. Grundsätzliche Unterschiede belasten das Intim- und Sexualleben.

2 kompensiert 9

Die Suche nach dem "Wunderbaren" verdeckt individuelle Besonderheiten und unbewußte, unerlöste Seelenanteile. Man flüchtet sich geradezu in "Esoterik" oder einen "spirituellen Pfad". Die Lernaufgabe für beide Partner: Verantwortung für die Umwelt und das eigene Karma übernehmen.

3 kompensiert 0

Man überfordert den anderen und mißachtet im Gefühlsleben die Grenzen seiner Toleranz. Beide verstehen sich als Herausforderung für den anderen. Nichtachtung und Vernachlässigung der Gefühle durch den Mann können die Partnerin sehr verletzen.

Beziehungstyp 5

5 kompensiert 1

Beide denken und fühlen anders als der andere. Deswegen wird man einander zunehmend fremd. Anfängliche Nähe und Wärme schwinden. Reisen und materieller Wohlstand können die Gegensätze nicht endgültig überdecken. Schließlich will jeder seine eigene Anschauung durchsetzen.

6 kompensiert 2

Verliebtheit erzeugt Illusionen, die sich niemals einlösen lassen. Man versucht den anderen mit Lügen und Schmeicheleien zu gewinnen. Irgendwann gibt es ein böses Erwachen.

7 kompensiert 3

Die Partner erhalten die Chance, ihre Ideen im Beruf, bei gemeinsamen Investitionen und in der Begegnung mit anderen endlich in der Praxis zu testen. Die Zeit der Aussaat ist gekommen.

8 kompensiert 4

Harmonisches Gefühlsleben. Suche nach musischen und seelischem Ausdruck.

9 kompensiert 5

Problematischer Aspekt. Ein Partner denkt ganzheitlich, der andere so wie die meisten. Im Grunde können sich diese beiden nur dann einigermaßen vertragen, wenn sie nicht aufeinander angewiesen sind. Sie können sich nur über echtes und ehrliches Fühlen näherkommen.

0 kompensiert 6

Körperliche Darstellung und/oder Arbeit mit den Händen lenken die Sexualenergie in kreative Bahnen, ohne sie zu unterdrücken.

1 kompensiert 7

Beide Partner wollen vordringlich sich selbst verwirklichen (zum Beispiel über berufliche Aus- oder Fortbildung). Eine spannungsreiche Beziehung.

2 kompensiert 8

Zwar wollen sich diese Zwei gefühlsmäßig intensiv aneinander binden, aber sie wissen eigentlich nicht, warum und wie. Freude und Verspieltheit versinken schließlich in tiefer Melancholie. Ein Partner fühlt sich deswegen unfrei.

3 kompensiert 9

Meist deckt hier die Frau die Selbsttäuschungen und Verirrungen des Mannes auf. Er wird ihre intuitiven Einsichten jedoch nicht gleich verstehen - oder verstehen wollen.

4 kompensiert 0

Ein karmischer Aspekt. Beide müssen reifen bis sie ihre Seelenverwandtschaft erkennen. Zuerst jedoch ist die gestörte Beziehung zum Vater aufzuarbeiten.

Beziehungstyp 6

6 kompensiert 1

Der Aspekt verlang von den Partnern Engagement und Durchsetzungsvermögen. Aber es ist möglich, daß sie nicht wissen, welche Menschen und Kräfte ihnen bei der Erfüllung dieser Aufgabe beistehen könnten. Feingefühl und systematisches Vorgehen sind angesagt.

1 kompensiert 6

Sie tun im Grunde, was sie wollen, ohne sich um den Partner zu scheren. Nach außen jedoch wird ein falsches Bild der Harmonie ausgestrahlt. Hier steht nicht das gemeinsame, sondern das persönliche Interesse im Mittelpunkt.

7 kompensiert 2

Gemeinsame Pläne gehen in Erfüllung. Darüber finden die Partner noch enger zueinander.

2 kompensiert 7

Man kann nicht zusätzlich zum eigenen nicht auch noch das Karma des Partners tragen. Jeder versucht vorerst, seinen eigenen Anteil zu klären und seinen Schatten nicht in die Beziehung zu projizieren.

8 kompensiert 3

Die Frau projiziert ihr Vaterbild auf den Mann. Daraufhin zieht er sich zurück.

3 kompensiert 8

Der Mann projiziert sein Mutterbild auf die Frau. Daraufhin zieht sie sich zurück.

9 kompensiert 4

Beide wollen sich selbst entwickeln und vielleicht Karriere machen. Für alte karmische Strukturen möchte man am liebsten keine Verantwortung tragen, sondern sie am liebsten nach außen delegieren, zum Beispiel an Autoritätspersonen wie den Therapeuten, den Anwalt, die Mutter usw.

4 kompensiert 9

Jeder klärt seine Erziehungs- und Ausbildungsdefizite in unterschiedlichem, individuellen Maß, jeder für sich persönlich, auf.

0 kompensiert 5

Eine spirituell geprägte Beziehung; die Partner nehmen einander in allen Bereichen an.

5 kompensiert 0

Flexible Ordnung anstelle Fixierung auf alte Normen läßt die Partner ganzheitlich wachsen. Sie verstehen das Auflösen und Fixieren eines Prinzips als einen Prozeß des Säens und Erntens.

Beziehungstyp 7

7 kompensiert 1

Enge Bindung kann Spannungen bringen, weil Machtansprüche Konflikte unvermeidlich machen. Wahrscheinlich kommen die Partner aus recht unterschiedlichen Schichten und verfügen nicht über das gleiche Bildungsniveau. Deswegen haben sie das Gefühl, nie richtig in die Tiefe gehen, sondern sich nur oberflächlich begegnen zu können.

8 kompensiert 2

Man kommt sich über offenen Gedankenaustausch und der gemeinsamen Harmonie sehr nahe. Über die Verfeinerung sprachlicher und künstlerischer Fähigkeiten Annäherung an eine ausgeglichene Beziehung.

9 kompensiert 3

Verständnis- und Anpassungsschwierigkeiten, da die Intuition sich auf die Verstandesebene beschränkt. Die Irrationalität der 3 setzt sich gegen die intellektuelle Ausgewogenheit der 9 durch. Eine engere Bindung ist nur bei geeignetem Einzel-Numeroskop empfohlen. Dort braucht es tragende Aspekte wie die Elemente Verbindungen 4-8 und 5-7 und das Trigon 5-6-7. Auf dieser/ ähnlicher Basis könnte man aufeinander zugehen, sich verstehen.

0 kompensiert 4

Der eine will die Partnerschaft in Privatleben und Beruf aus der Intuition heraus gestalten und ausfüllen, der andere sie möglichst systematisch ordnen - mit dem Ergebnis, daß man sich viel zu oft mit immer ausgeklügelterem Abwehrverhalten vor dem anderen zu schützen sucht.

1 kompensiert 5

Ichbezogenheit hemmt den Partner. Trotzdem Neuordnung der Beziehung und Zukunftspläne.

2 kompensiert 6

Sprachlosigkeit macht einsam, Unehrlichkeit führt zum Streit. Man muß sehen, daß der eine den anderen beherrschen will.

3 kompensiert 7

Die Beziehung bringt dem Mann Glück, Ruhe und Frieden, der Frau Arbeit. Der Mann lernt, sich fallenzulassen. Nicht selten hat er das Gefühl, von ihr abhängig zu sein. Ihre seelische Reife hilft ihm darüber hinweg.

4 kompensiert 8

Die Fähigkeit zum Ausgleich fördert in diesem Fall das Bestreben, die Beziehung möglichst fest zu ordnen. Alles geht seinen Gang in normalen Bahnen. Die Venus-Energie der 8 wird arg eingeengt. Unter Umständen leiden dann beide Partner unter der leblosen Routine ihrer Beziehung.

5 kompensiert 9

Eine Zeit gemeinsamen Planens. Illusionen zerrinnen oder werden zerstört. Man wird auf den Boden der Tatsachen zurückgeholt. Ernüchternd und erfrischend zugleich.

6 kompensiert 0

Realitätssinn, gepaart mit einem Gefühl für Wert und Entwicklungsmöglichkeiten der Sexualität. Über die Körpererfahrung finden sie Zugang zum kosmischen Bewußtsein.

Beziehungstyp 8

8 kompensiert 1

Dieser Aspekt fördert die eigene Bewußtheit, wie tief beide überhaupt Nähe zulassen können. Alte, verborgene Beziehungsmuster, deren Thema Alleinsein und Isolierung war, sind jetzt Gegenstand gemeinsamer Betrachtung. Beide schenken sich Vertrauen, um Tiefe zu erreichen und um Klarheit über einschränkende Beziehungsmuster zu bekommen.

9 kompensiert 2

Unklarheit und geistige Verwirrung machen neue Maßstäbe unerläßlich. Die Partner wachsen individuell und gemeinsam, weil sie alles mit neuen Augen sehen können.

0 kompensiert 3

Die gemeinsamen Erfahrungen spiegeln sich im Licht meditativer Erkenntnis. Inneres Gleichgewicht beruhigt den zuvor hyperaktiven Willen. Man weiß den Wert unmittelbaren Erlebens zu schätzen und begreift, daß "neue Bewußtseinstechniken" es niemals werden ersetzen können.

1 kompensiert 4

Die Partner definieren sich und ihr Verhältnis neu. Sie werfen sich ihre alten Verhaltensmuster nicht mehr gegenseitig vor.

2 kompensiert 5

Eine fast makellos klare Beziehung, die die Kraft zu einer fundamentalen Umwertung alter Anschauungen in sich trägt.

3 kompensiert 6

Jeder will seine Vorstellungen durchsetzen. Man kann sich auf fast keine Sache einigen, weil der Wille dazu fehlt.

4 kompensiert 7

Zuerst scheitern die gemeinsamen Pläne aus Geldmangel und an den beschränkten Berufsaussichten. Man beißt sich durch. Danach Klarheit, vorausgesetzt die Disziplin, Ausdauer und wohlwollende Offenheit dieses Aspektes wird in die Persönlichkeit integriert.

5 kompensiert 8

Der Aspekt fördert die Tendenz, sich an die schönen Dinge des Lebens zu gewöhnen. Man ist von Herzen großzügig. Vielleicht geht man neben der Partnerschaft eine weitere Beziehung ein. Der Aspekt des "kurzen Seitensprungs".

6 kompensiert 9

Man muß sich durchbeißen. Die Partner sollten sich nicht aufeinander verlassen. Eine Krise nach der anderen.

7 kompensiert 0

Man treibt Sport und lebt sich auf der körperlichen Ebene aus. Viele Reisen. An spiritueller Verwirklichung besteht kein Interesse.

Beziehungstyp 9

9 kompensiert 1

Die Partner haben Angst, daß der andere sie nicht ernst genug nimmt. Deswegen wollen sie sich allen und jedem mitteilen, fragen alle möglichen und unmöglichen Freunde und Bekannte um Rat. Allgemeine Haltlosigkeit.

0 kompensiert 2

Eine zutiefst befriedigende Verbindung. Die Seelenverwandtschaft nimmt alle Zukunftsangst, man kann sich in Ruhe der Muße hingeben - und der Hoffnung auf die transzendierende Kraft des Universums, das sich über seine alles durchdringenden weiblichen und männlichen Energien fortwährend erneuert. Ein Paar, das sich in dieser hohen Ebene der Wirklichkeit eingebettet und sicher fühlt.

1 kompensiert 3

Diese Verbindung ist ein sicherer Hafen, in dem die Partner Anerkennung, Bestätigung und Liebe erfahren.

2 kompensiert 4

Die Partner verwechseln Theorie mit Praxis und möchten die harte, unangenehme Wirklichkeit gern vermeiden. Oberflächlich verstandenes "positives Denken" bringt nicht die erhoffte Anerkennung, vom erträumten finanziellen Wohlstand ganz zu schweigen. Enttäuschungen und Mißverständnisse werden sich kaum vermeiden lassen.

3 kompensiert 5

Die Partner haben sich voneinander mehr versprochen als sie einlösen können. Zwei fast grundverschiedene Temperamente, die nicht viel miteinander anfangen können, sondern sich nur ratlos gegenüberstehen.

4 kompensiert 6

Die Partner verfolgen ihre Ziele mit zuversichtlichem Realismus. Ein guter Aspekt für geschäftliche Verbindungen, weil er systematisches Vorgehen anzeigt. Respekt und gegenseitige Anerkennung.

5 kompensiert 7

Ein Partner nützt die Hilfsbereitschaft des anderen aus. Eine harte Probe, die nur ein Gutes hat: man sieht, wieviel die Versprechen der Vergangenheit wirklich wert sind.

6 kompensiert 8

Starkes Spannungsfeld zwischen männlicher und weiblicher Energie. Aggression und Besitzdenken stehen zu sozialem, kreativem und künstlerischem Denken und Fühlen in Opposition. Die Anziehungskraft beschränkt sich auf berufliche und soziale Pflichten und weltliche Gemeinsamkeiten.

7 kompensiert 9

Man will sich möglichst gegen alles absichern. Das mangelnde Selbstvertrauen eines Partners belastet die Beziehung. Die unpassende soziale Stellung und die Beschränkung der eigenen Ausdrucksmöglichkeiten zeigen das Leben nicht gerade von seiner rosigsten Seite.

8 kompensiert 0

Die Frau sieht im Mann den dominierenden Vater, der Mann in der Frau die Übermutter. Im Idealfall lassen sich die von den Eltern übernommenen Verhaltensmuster transparent machen und auflösen. Keine leichte Aufgabe, die einige Jahre in Anspruch nehmen wird.

Beziehungstyp 0

0 kompensiert 1

Man stellt sich nach außen anders dar als man ist. Der unüberbrückbare Widerspruch zwischen beruflicher Pflicht und den persönlichen, emotionalen Bedürfnissen trägt Konflikte in die Beziehung. Zu lernen ist, sich selbst anzunehmen und gemeinsam mit dem Partner zu entwickeln.

1 kompensiert 2

Jeder denkt zuerst an sich und überlegt sich nicht, welche Konsequenzen das haben könnte.

2 kompensiert 3

Dieser Aspekt führt die Partner über ein starkes "Wir-Gefühl" zusammen. Die Partner zeigen ihre Gefühle und teilen sie miteinander.

3 kompensiert 4

Die unterschiedlichen Welt- und Wertvorstellungen führen die Partner entweder über fruchtbaren Austausch zusammen oder trennen sie endgültig. Trotzdem: nur nichts überstürzen. Die sich bildenden Gemeinsamkeiten können nur in aller Ruhe und Zeit praktisch umgesetzt werden.

4 kompensiert 5

Die innere Auseinandersetzung mit dem Vater wurde aufgeschoben. Unerledigte Konflikte verhindern in Partnerschaft und Beruf die mühelose Verwirklichung der eigenen Vorstellungen. Der Aspekt hat jedoch eine positive Seite: man ist aufgefordert, sich anzunehmen und dem Partner in innerem Frieden zu begegnen.

5 kompensiert 6

Es besteht die Neigung zu Ungeduld und Nervosität. Beide glauben, irgendwie zu kurz zu kommen. Unterschiedliche Glaubensinhalte ethischer und religiöser Natur können die Beziehung in Unklarheit bringen. Wirkliche Toleranz unterstützt den anderen, indem bedingungslose Liebe integriert wird oder anders, Bewertung und Beurteilung hängen sehr stark davon ab, wie sehr der eine sich ohne Vorurteile auf "neue" Erfahrungen des anderen Partners einläßt.

6 kompensiert 7

Übertriebene Willensanstrengungen machen psychosomatisch krank. Man behandelt sich schlecht und denkt nur an die großen "Ideale", denen man nachzueifern hat. Mißverständnisse und Eifersucht sind die Folge.

7 kompensiert 8

Zwei ausschließlich praktische und absolut im Materiellen verwurzelte Menschen haben sich getroffen. Insofern eine harmonische Verbindung.

8 kompensiert 9

Beide verstehen Meditation, Kunst, Musik und soziales Engagement als Selbstverständlichkeit und lernen in ihrer Beziehung durch die individuelle Vielseitigkeit immens viel dazu.

9 kompensiert 0

Diese Verbindung wird nicht viel bewegen, da die Partner in sehr verschiedenen Erfahrungswelten leben. Manchmal wird versucht, die eigenen Minderwertigkeitsgefühle mit oberflächlichen spirituellen Ambitionen zu übertünchen. Da die Erdung fehlt, wird es keine Transformation geben.

Anhang

Deutungsbeispiel I

Einzel-Numeroskop für den 16.9.1947, Geburtszeit: 2:38 (Sommerzeit) = 1:38 (Ortszeit), männlich

Persönlichkeitstypus: 0/37 (Einfacher Wandlungstypus)
1 / 6 Opposition der Persönlichkeit
4 / 9 Schicksalsopposition
3 / 8 Partnerschaftsopposition
3 - 9 Elemente-Verbindung
4 - 8 Elemente-Verbindung
1 - 3 - 9 Trigon
1 - 4 - 8 Trigon
3 - 6 - 9 Trigon
4 - 6 - 8 Trigon
Zahlenhäufung (2 x 1)

Drei Oppositionen lassen auf einen kraftvollen 0-Grundtypus schließen, eine energische, von fruchtbaren Spannungen getragene Persönlichkeit, die aus der Opposition von Kraft- und Geistpol fortwährend neue Wachstumsimpulse bekommt.

Da der 0/37 Persönlichkeitstypus erst im 37. Lebensjahr seine volle Ausformung erfährt und sich im 47. Lebensjahr in den 2/47 Persönlichkeitstypus wandelt, haben wir einen eher intellektuell veranlagten Menschen vor uns, mit starker Aspektierung des Geistpols (1-3-9 Trigon; 3-9 Elemente-Verbindung) und gesunder Ich-Stärke (Zahlenhäufung der 1). Aus dem Numeroskop ist bis zum 37. Lebensjahr schon rein optisch eine ziemliche "Kopflastigkeit" ersichtlich. Die Ausrichtung auf den Geistpol läßt eine hochentwickelte Intuition vermuten, eine empfängliche Natur, die auch für die Kräfte der Inspiration ansprechbar ist. Allerdings wird dieser Mensch zur Konkretisierung und Verwirklichung seiner Ideen und Inspiration sehr viel Zeit brauchen.

Dieser Mensch findet in Theorien Erfüllung. Er muß die Welt und ihre Erscheinungen verstandesmäßig begreifen, kann jedoch seinen Willen auch im Bereich des Fühlens zum Ausdruck bringen. Mit seinen gelegentlich genialen Geistesblitzen will er Mensch und Welt verbessern (3-9 Elemente-Verbindung). Die ganzheitlich angestrebte Synthese von wissenschaftlichen und spirituellen Werten bleibt unter der Einwirkung der Trigone von 1-4-8 und 1-3-9 zusammen mit der 4-8-Elemente-Verbindung das vorrangige Lebensziel dieses 0-Typus. Eine ehrgeizige, aktive Persönlichkeit, die wahrscheinlich in Wissenschaft und/oder Forschung tätig ist.

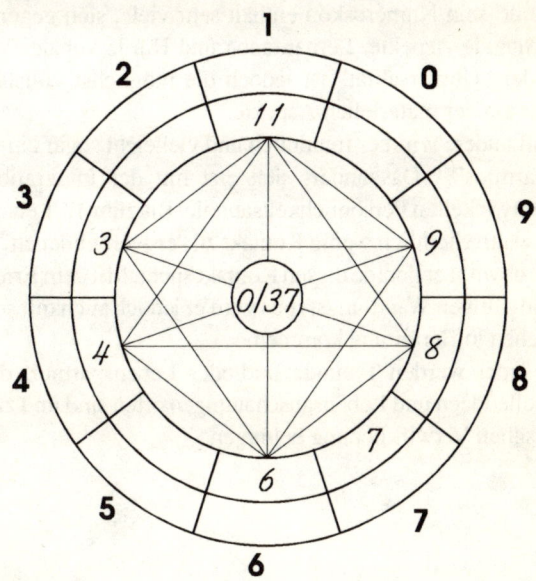

239

Hohe geistige Ideale und fortwährendes Streben nach Erkenntnis müssen jedoch im Leben unbedingt eingelöst werden. Wenn nicht, setzen sie den Menschen einer schwer zu ertragenden Spannung aus, die zu psychosomatischen oder sogar physischen Beschwerden am Hals und im Schultergürtel führen kann. Auch der Kopf und die Atmungsorgane sind dann gefährdet.

Nach voller Ausformung des Persönlichkeitstypus wird dieser Mensch zwischen dem 37. und 47. Lebensjahr damit beschäftigt sein, sein Verhältnis zu den materiellen Aspekten des Daseins zu klären. Er wird kindheits- und erziehungsbedingte Probleme aufarbeiten, sich gesünder ernähren und physisch mehr fordern müssen, damit er vital bleibt. Auf dieser Grundlage können sich seine geistigen Fähigkeiten voll entfalten. Sie werden ihm großes Glück bringen, denn mit der endgültigen Wandlung in den 2/47-Persönlichkeitstypus wird er ein sogenannter "Universal-Typus", das heißt: sein Numeroskop enthält sehr viele, sich gegenseitig befruchtende Aspekte. Lernaufgabe und Hürde vor der Vollendung der "Universalität" ist jedoch die möglichst vollständige Integration der materiellen Aspekte.

Auf andere wirkt er freundlich und vielleicht sogar ein wenig zu "harmlos". Das ändert sich erst mit der Integration der unterentwickelten Persönlichkeitsanteile. Bis zum 47. Lebensjahr hat er wahrscheinlich wenig Kontakt zu "erdverbundenen" Menschen, obwohl er gerade diesen Kontakt sucht. Mit dem Erreichen des endgültigen Wandlungstypus wird er jedoch auch mit solchen Menschen in Berührung kommen.

Gesucht werden Freunde und/oder Lebenspartner, die für originelle Ideen und Lebensanschauungen offen sind und zu ihrer praktischen Verwirklichung beitragen.

Deutungsbeispiel II

**Einzelnumeroskop für den 24.3.1944, Geburtszeit 7:38
(Ortszeit),** weiblich
Persönlichkeitstypus 9/27
3-8 Partnerschaftsopposition
2-7 Opposition der Psychosomatik
4-8 Elemente-Verbindung
Zahlenhäufung (3x4)
Zahlenhäufung (2x3)

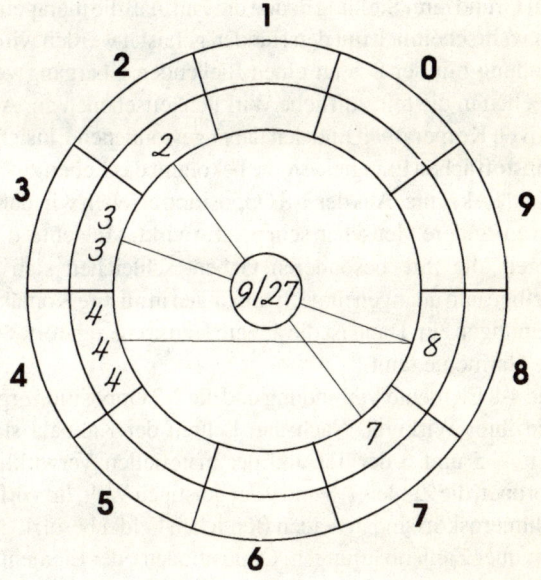

Eine Frau, die ihre Begabung zum Heilen (oder: für einen Heilberuf) noch vor der vollen Ausformung ihres Persönlichkeitstypus im
27. Lebensjahr praktisch nützen sollte, wenn sie nicht selbst für

alle möglichen Krankheiten anfällig werden will. Die Zahl 4 ist im Numeroskop gleich drei Mal vertreten. Das heißt, die Grundbegabung entfaltet sich eher im physischen als im geistigen Bereich. Die Erfahrung hat gezeigt, daß fast 80% der in einem Heilberuf tätigen Menschen nach meinen Untersuchungen entweder die 4-8 Elemente-Verbindung in ihrem Numeroskop haben oder die 2-7 Opposition. Hier jedoch sind sogar beide Aspekte gegeben, was die praktische Umsetzung der Anlage um so dringlicher macht. Wie dies im einzelnen geschieht, ist allein Sache der Frau, denn der Archetypus der "Heilerin" kann auf vielfältige Weise manifestiert und gelebt werden.

Auf Grund ihrer Stellung deutet die 7 an, daß die therapeutische Arbeit wahrscheinlich mit den Händen geleistet werden wird. Ihre Verbindung mit der 8 zeigt einen fließenden Übergang von der materiellen in die feinstoffliche Wirklichkeitsebenen an. Aus der intensiven Körperarbeit und den dabei gewonnenen Einsichten in die feinstofflichen Energiesysteme bekommt das Leben zusätzlich spirituelle Akzente. Aus der 3-8 Opposition ersehen wir, daß diese Arbeit auf andere Menschen sehr positiv wirkt. Mißachtet die Frau hingegen alle ihre besonderen Gaben, schleichen sich unterschwellige und unangenehme Spannungen in all ihre Kontakte und Begegnungen ein. Dann ist die äußere Harmonie zerstört, weil die innere Harmonie fehlt.

Die 4-8 Elemente Verbindung und die 2-7 Opposition ergänzen sich in ihrer Wirkung. Nach den Lehren der Kabbala sind die Zahlen 4, 5 und 6 der Tat und der materiellen Verwirklichung zugeordnet, die Zahlen 7, 8 und 9 der geistigen Welt. Im vorliegenden Numeroskop sind in beiden Bereichen Felder besetzt, die sich zudem über Zahlenhäufungen, Oppositionen oder Elemente-Verbindungen wechselseitig beeinflussen. Wie in einem nahtlosen Kontinuum setzen sich Handlungsimpulse in der physischen Tat und diese in der geistigen Wirkung fort.

Die Verdoppelung der 3 zeigt Impulsivität, Spontaneität, Willenskraft und Durchsetzungswillen an, während die dreifache 4 auf realistisches Handeln schließen läßt. Zudem wird diese Frau bei aller Bestimmtheit einfühlsam bleiben und ihre Gefühle keineswegs unterdrücken oder verstecken (bei der 4-8 Elemente-Verbindung so gut wie unmöglich). Sie wirkt anmutig, zugänglich, offen und legt Wert auf menschliche Nähe, vor allem bis zu ihrem 27. Lebensjahr.

Die Zahlenreihe 2, 3 und 4 läßt vermuten, daß sie nicht im Hintergrund bleiben, sondern im Gegenteil sehr selbständig auftreten wird, allerdings in freundschaftlichem Miteinander. Zumindest läßt der nördliche Mondknoten (Karmapunkt) im Löwen dies vermuten. Sie wird viele und gute Freunde und Freundinnen finden. Doch ist gerade dieser Lebensbereich mit einer gewissen Ambilvalenz belastet. Auf der einen Seite sollen die Freunde Anerkennung schenken und da sein, wenn man sie braucht, andererseits wird ihre Nähe als einengend empfunden, weil der 9-er Grundtypus (Merkur) seine Freiheit grundsätzlich über alles liebt. Er ist gern auf Reisen und versteht Beziehungen weniger als Möglichkeit zur Hingabe, sondern als einen Weg die eigene Persönlichkeit zu ergänzen und zu bereichern. Zusätzlich akzentuiert wird das Problem durch die 3-8 Opposition. Bis zum 27. Lebensjahr ein eher häuslicher Charakter, braucht diese Frau danach mehr Raum zu ihrer Entfaltung und wird ihn sich auch verschaffen, so daß sie wahrscheinlich in relativ großzügigen Räumen denken und in den entsprechenden Verhältnissen leben wird. Der Wille dazu ist da.

Mittelwert-Berechnung

Grundsätzlich werden für den Mittelwert des Partnerschafts-Numeroskops die Geburtsdaten und Geburtsstunden der beiden Partner zuerst addiert und dann durch 2 geteilt. Das hört sich einfach an, jedoch birgt die Berechnung eine Reihe von potentiellen Fehlerquellen, auf die mit den folgenden Beispielen aufmerksam gemacht sei. Am besten man nimmt sich ein großes Blatt Papier und hält sich an das vorgegebene System.

Beispiel A:

Partner I:	3:21 Uhr	24.	4.	1945
Partner II:	5:13 Uhr	15.	6.	1941
Summe	8:34 Uhr	39.	10.	3886
Composit		19.	5.	1943
		Rest: 1 Tag : 2 = 12 Stunden		
	12:00 St.			
	20:34 Uhr			
Composit	**10:17 Uhr**	**19. 5.1943**		

Bei der Betrachtung dieser Addition fällt auf, daß sich die 39 des gemeinsamen Tageswerts nicht durch 2 teilen läßt. Deswegen subtrahiert man von ihr 1 Tag (= 24 Stunden) und teilt diese durch 2. Diese 12 Stunden werden dann zur Summe der Geburtszeit addiert, die zum Abschluß durch 2 geteilt wird. Damit erhalten wir für Beispiel A die Composit-Werte, die die Basis für das Partnerschafts-Numeroskops sind: 19.5.1943, 10:17 Uhr..

Schwieriger wird die Berechnung, wenn die Addition der von Geburtszeiten und -daten eine ganze Reihe von unteilbaren, weil ungeraden Werten ergibt.

Partner I:	3:22 Uhr	24.	7.	1946
Partner II:	5:13 Uhr	15.	6.	1941
Summe	8:35 Uhr	39.	13.	3887

Composit-Jahr	**1943**
	Rest: 1 J. : 2 = 6 Monate
	6 M.
	19 M. : 2 = 9
Composit-Monat	**9** M.
	Rest = 1 M. = Sept. = 30 Tage
	30 Tage : 2 = 15
	15 T.
	54 T.
Composit-Tag	27 T.
Composit-Std. 4:17:30	
Composit **4:18 Uhr**	**27.9.1943**

Um auf die Geburtszeit für das Partnerschafts-Numeroskop zu kommen, runden wir die Uhrzeit einfach um eine Minute auf und teilen das Ergebnis durch 2.

Um auf den Monatswert für das Partnerschafts-Numeroskops zu kommen, verfahren wir folgendermaßen: wir runden das Ergebnis aus der Addition der Geburtsjahre um 1 Jahr ab, auf 3886. Dadurch erhalten wir 12 Monate, die wir sofort durch 2 teilen und dann zur Summe der Monate hinzufügen. Aber auch dabei kommen wir ja wieder auf eine ungerade Zahl, nämlich 19. Wir teilen sie durch 2 und erhalten 9 Monate. Es bleibt ein Rest von 1 Monat, in diesem Fall 30 Tage (September = 30 Tage, Oktober = 31 usw.), die wir durch 2 teilen. Die resultierende 15 addieren wir zur Summe der Tage, teilen das Ergebnis durch 2 und erhalten den endgültigen Tageswert. Geburtsdatum für das Partnerschafts-Numeroskop ist also der: 27. September 1943.

Unsere gesamte Summe von 24 Tagen läßt sich glatt durch 2 teilen, also erhalten wir den 27. als Tag der Geburt.

Anders sähe es aus, wären wir im endgültigen Monatsdatum für die Partnerschaft auf einen Monat mit 31 (Oktober) oder 29 (Februar im Schaltjahr) Tagen gekommen, der nicht durch 2 teilbar ist. Dann nämlich hätten wir erneut einen Tag als Rest behalten, den wir analog zu Beispiel A auf die Geburtszeit hätten umschlagen müssen.

Das Prinzip des absteigenden Zahlenübertrags

Aus den Beispielen A und B erkennen wir bereits ein wichtiges Prinzip, das wir bei allen Berechnungen hermetischer Partnerschafts-Numeroskope beachten müssen: Der unteilbare Rest einer Zwischensumme wird immer in seine Teile zerlegt (das Jahr in 12 Monate; der Monat in die Anzahl seiner Tage; der Tag in 24 Stunden); dann teilt man diese Teile durch 2 und addiert das Ergebnis zum Resultat der nächst tieferen Zahlenebene, beginnend beim Jahr und endend bei der Geburtszeit. Da nicht mit Sekunden gearbeitet wird, werden halbe Minuten nach oben aufgerundet (Beispiel: 10,5 Minuten = 11 Minuten).

Noch ein weiterer Sonderfall ist zu behandeln. Was tun, wenn eine Zwischensumme für beispielsweise den Tageswert die Anzahl der in einem Monat enthaltenen Tage überschreitet? Darüber klärt unser letztes **Beispiel C** auf:

Wie in Beispiel B subtrahieren wir von der Zwischensumme für das Jahr (3887) 1 Jahr, teilen es durch 12 Monate und diese durch 2. Die 6 Monate des Ergebnisses addieren wir zu den 23 Monaten der Zwischensumme und erhalten 29 Monate. Diese teilen wir durch 2 und erhalten 14 Monate. 14 Monate sind 1 Jahr und zwei Monate. Wir haben nun ein Jahr gewonnen, das wir zu unserer zuvor ermittelten Jahreszahl addieren.

Beispiel C:

Partner I:	3:22 Uhr	30.	12.	1946
<u>Partner II:</u>	<u>5:13 Uhr</u>	<u>27.</u>	<u>11.</u>	<u>1941</u>
Summe	8:35 Uhr	57.	23.	3887

				1943
			6 M.	
			<u>29 M.</u>	
			29 M.	
			14 M	
		<u>14</u>		
		71	12 M.	**1**
	12:00	35	2	
	20:35	<u>29</u>	1	
	10:17,5	**<u>6</u>**	**<u>3</u>**	
	<u>10:18</u>			

<u>Composit</u> **<u>10:18 Uhr</u>** **<u>6.3.1944</u>**

Unser Composit-Jahr ist also nicht 1943, sondern 1944. Auch 29 Monate lassen sich nicht ohne, daß ein Rest bleibt, teilen. Wir erhalten 14 Monate und 1 Monat Rest, und zwar den Februar in einem Schaltjahr. Deshalb rechnen wir nun mit 29 Tagen weiter. Wir dividieren 29 Tage durch 2 und erhalten 14 Tage, die wir zu der bisherigen Monatssumme addieren müssen (57 + 14 = 71). Das Ergebnis wird durch 2 geteilt. Um auf ein glattes Ergebnis zu kommen, müssen wir (24 St. : 2 =) 12 Stunden zur Uhrzeit addieren. Da das nun ermittelte Tagesdatum aber mehr Tage hat, als im Februar (29) möglich sind, müssen wir 1 Monat (in diesem Fall 29 Tage) von der ermittelten Anzahl der Tage abziehen. Wir erhalten einen zusätzlichen Monat. Und haben damit nicht den Februar als Composit-Monat, sondern den März - und zwar den 6. Die restlich verbliebenen 12:00 Stunden werden nun noch zu 8:35 Uhr hinzugerechnet. Wir erhalten 20:35 Uhr und teilen schlußendlich nochmals durch 2; das Ergebnis 10:17,5 Uhr wird zu 10:18 Uhr aufgerundet.

Hinweis: Schaltjahre sind Olympia-Jahre, z.B. 1956, ..., 1976, ..., 1992... also alle 4 Jahre.

Glossar

Anlage-Numeroskop: Aus seinem Spiegel können wir über die Zahlen und Zahlenkombinationen unseren Grund- und Persönlichkeitstypus feststellen, und zwar nicht nur individuell, sondern auch für das Partnerschafts-Diagramm.

Aspekte: Besonders wirkungskräftige Beziehungen zwischen jeweils zwei Zahlenschwingungen. Aspekte können all jene Zahlen miteinander eingehen, deren Felder mit Geburtsdaten besetzt sind, denn nur das sind aktive Felder. Dabei verbinden sich zwei oder mehrere Energien zu einer gemeinsamen Wirkung.

Composit: Siehe unter Partnerschafts-Numeroskop

Elemente-Verbindung: Hier treffen wir auf die Ebene des bereits Verwirklichten. Sie zeigt, auf welcher Entwicklungsstufe das Leben angegangen werden muß. Die Elemente-Verbindungen repräsentieren einen karmischen Aspekt, der bereits gelöst wurde. Infolgedessen können sie das ganzheitliche Wachstum stützen.

Geburtszeit: Ihre Zahlen machen auf persönliche Eigenheiten und Vorlieben aufmerksam, den individuellen Geschmack für Musik, Farben, Kleidung, Einrichtung. Ferner geben sie über typische Reaktionsmuster Aufschluß.

Gerade Zahlen: Symbolisieren die weibliche Energie.

Grundtypus: Repräsentiert die Grundschwingung der Persönlichkeit; ein Energiekonzentrat; das beständig wirkende Energieprinzip (die Aura) eines Menschen.

Karma: Bedeutet nicht etwa "Vergeltung", sondern beschreibt vielmehr die Fähigkeit, aus Kenntnis der Gesetzmäßigkeiten des Kosmos selbstbestimmt und frei zu handeln.

Karmapunkt: Zeigt das Grundthema oder die Absicht der Seele: was sie in diesem Leben erledigen möchte. Er gibt Aufschluß über den roten Schicksalsfaden. Der Karmapunkt ist mit dem astrologischen Mondknoten identisch.

Karmapunkt-Polarität: Liegen die Karmapunkte der Partner genau gegenüber, wird die Beziehung für beide sehr herausfordernd sein. Die Polarität der Karmapunkte gibt dem Composit eine zusätzlich karmische Komponente.

Kompensationspunkt: Eine Schwäche in der Anlage, die kompensiert, d.h. ausgeglichen werden muß. Viele Kompensationspunkte: es will viel in diesem Leben gelernt sein.

Mittelwert: Grundsätzlich werden für den Mittelwert des Partnerschafts-Numeroskops die Geburtsdaten und Geburtsstunden der beiden Partner zuerst addiert und dann durch 2 geteilt. Das hört sich einfach an, jedoch birgt die Berechnung eine Reihe von potentiellen Fehlerquellen Die Instruktionen genau lesen!

Numerologie: Präzisiert für uns das Thema unseres Lebens - und welche Ziele wir verfolgen sollten. Ihre Zahlen sind wie eine große Uhr, die uns zeigen, welcher kosmischen Entwicklungsstufe wir uns nähern. Die Numerologie geht davon aus, daß alle Dinge im Universum nach einem einheitlichen Plan miteinander verbunden sind. Nach ihrer Ansicht repräsentieren die Zahlen die verschiedenen Archetypen, in denen die Grundeigenschaften der Natur quasi in Urform Gestalt annehmen.

Numeroskop: Zahlenkreis, der die wesenhafte Struktur eines Menschen erfaßt. Das Numeroskop enthält den Lebensplan, deckt die Intention einer Inkarnation auf und klärt über die möglichen Mittel und Wege zur Einlösung der schicksalsbestimmenden Prinzipien auf.

Opposition: Eine befruchtende Gegensatzspannung. Sie verweist auf die zu leistende Lebensaufgabe. Da alles auf Polarität beruht, lernen wir durch Oppositionen die Gegenkräfte in uns zu vereinen.

Partnerschafts-Numeroskop: Ist auf Ehe, Freundschaft, Arbeitsverhältnisse, Verwandtschaften, kurz: für alle wichtigen zwischenmenschlichen Beziehungen anwendbar. Man kann damit gemeinsame wie gegensätzliche Strukturen erkennen. Das Beziehungs-Numeroskop zeigt, welche Kräfte, harmonischen Übereinstimmungen und Herausforderungen eine Beziehung fördern und zusammenhalten oder belasten und sprengen.

Persönlichkeitstypus: Legt fest, welche Anlagen wir besitzen und mit welcher Energie wir sie zur Wirkung bringen; zeigt den Bewußtseinsstrahl an, die konstante astrale Grundschwingung.

Progression: Wird durch den Partnerschafts-Typus vorgegeben. Gibt Aufschluß über die Entwicklung einer Partnerschaft.

Quadrat: Aspekt der gefährlich schwachen Erdung; kaum Kontakt zwischen Körper und Geist.

Schicksalszahlen: Verweisen auf die Jahre, in denen sich in unserem Leben Entscheidendes tut. Sie ergeben sich aus den Zahlen des Geburtsdatums und des Persönlichkeitstypus, die in besonderer Weise addiert werden.

Schicksalszahlenvergleich: Gibt Auskunft über Gemeinsamkeiten, die äußere Übereinstimmung des Paares: materielle Interessen und allgemeine Lebensanschauung, entscheidend ist die Häufigkeit der Übereinstimmungen.

Spiegelzahlen: Zahlen, die sich im Numeroskop polar gegenüberstehen; im Composit auch die einfache Polarität der Zahlen der zwei Geburtsdaten. Gemeinsame Spiegelzahlen wirken sich im Composit-Numeroskop nochmals als Verstärkung aus, wenn diese Zahlen zudem aspektiert sind.

Trigon: Eine Elemente-Verbindung wird um eine dritte Energie erweitert, entweder den Geist- oder den Kraftpol. Trigone sind stabilisierende Aspekte, die helfen, geistige oder materielle Verwirklichung zu finden. Sie helfen, Ziele müheloser zu erreichen.

Ungerade Zahlen: Gelten als die beherrschenden Zahlen im System, weil wir beim Addieren von geraden und ungeraden

Zahlen wiederum eine ungerade Zahl als Ergebnis erhalten. Sie symbolisieren männliche Energie.

Verstärkung: Eine vorhandene Anlage wird durch die progressive Zahl in der Wirkung erweitert und verstärkt.

Wandlungstypen: Menschen, die ein oder mehrmals im Leben einen anderen numerologischen Persönlichkeitstypus annehmen.

Zahlen: Beinhalten Qualitäten und Zeiten. Die Zahlen 0 bis 9 gelten in diesem System als Grundzahlen und sind Korrespondenten der göttlichen Wirkungskette, denn die Zahl "trägt den Sinn des jeweiligen Schöpfungsprinzips und bezeichnet das ihr zugehörige Prinzip". Zahlen sind somit Bewußtseinsqualitäten, Anlagen und Potentiale des Menschen.

Zahlenhäufungen: Verstärken die Natur der betreffenden Zahl. Zahlenverdoppelungen ungerader Zahlen wirken nach außen. Hier besteht die Tendenz, das entsprechende Zahlenprinzip ungeduldig bis aggressiv auf die Außenwelt zu projizieren. Zahlenverdoppelungen gerader Zahlen wirken nach innen, sie harmonisieren die Persönlichkeit.Es ist also möglich, daß eine Zahl bei entsprechender Häufung einen sehr hohen Stellenwert bei der Deutung erhalten kann.

Adressen

Eine Liste mit der Adresse des Autors und seines Institutes sowie Informationen über seine Seminare erhalten Sie, wenn Sie einen adressierten und frankierten Rückumschlag an den Verlag senden. Beim Institut des Autoren können außerdem Numeroskop-Formulare bestellt werden. Bitte das Stichwort nicht vergessen!

Windpferd Verlag
"Stichwort Numerologie"
Postfach
D - 87648 Aitrang

Numeroskop

Name: _____

Geburtsdatum: _____

Geburtszeit: _____

Typus: _____

Schicksalszahlen: _____

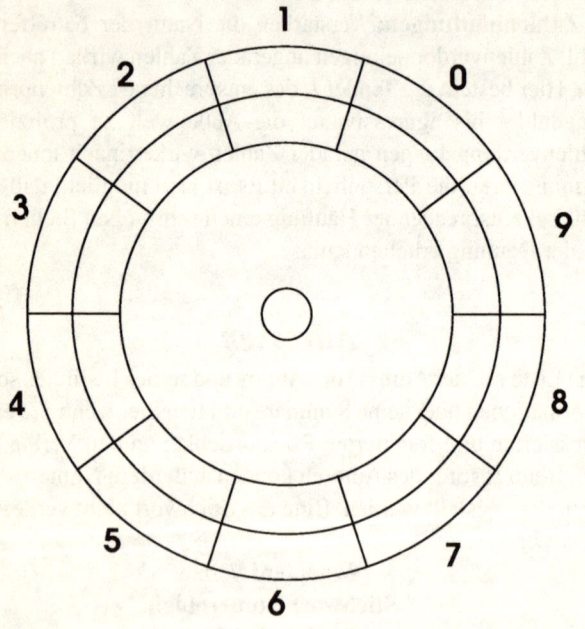

Sᴏᴍᴍᴇʀᴢᴇɪᴛᴇɴ - Wᴇꜱᴛ-Dᴇᴜᴛꜱᴄʜʟᴀɴᴅ

Vor dem 1.4.1893 (15 h) galt die wirkliche Ortszeit (LMT)

Sommerzeiten 1916 - 1949

Jahr	von/bis	Jahr	von/bis
1916	30.4. (23 h) - 1.10. (1 h)	1943	29.3. (2 h) - 4.10. (3 h)
1917	16.4. (2 h) -17.9. (3 h)	1944	3.4. (2 h) - 2.10. (3 h)
1918	15.4. (2 h) - 16.9. (3 h)	1945	2.4. (2 h) - 16.9. (3 h)
1919	keine Sommerzeit bis1939	1946	14.4. (2 h) - 7.10. (3 h)
1940	1.4. (2 h) durchgehend	1947	6.4. (3 h) - 5.10. (3 h)
1941	ganzjährige Sommerzeit	1948	18.4. (2 h) - 3.10. (3 h)
1942	Sommerzeit bis 2.11. (3 h)	1949	10.4. (2 h) - 2.10. (3 h)

Danach keine Sommerzeit mehr bis 1980.

Abweichende Sommerzeiten

Von 1919 bis 1927 galt im französischen Kriegsgebiet, wie auch in Mainz, Koblenz, Köln, Wiesbaden und Mannheim, dieselbe Sommerzeitregelung wie in Belgien:

Jahr	von/bis	Jahr	von/bis
1919	1.3. (23 h) - 5.10.(0 h)	1924	29.3. (23 h) - 7.10. (0 h)
1920	14.2. (23 h) - 24.10. (0 h)	1925	4.4. (23 h) - 4.10. (0 h)
1921	14.3. (23 h) - 26.10. (0 h)	1926	17.4. (23 h) - 3.10. (0 h)
1922	25.3. (23 h) - 7.10. (0 h)	1927	9.4. (23 h) - 2.10. (0 h)
1923	21.4. (23 h) - 7.10. (0 h)		

1945 galt im russisch besetzten Gebiet (einschließlich Berlin) eine abweichende Sommerzeitregelung:
1945 vom 24.5. 2 Uhr bis 24.9. 3 Uhr Sommerzeit + 1 Stunde
1945 vom 24.9. 3 Uhr bis 18.11 Sommerzeit
1947 galt vom 11.5. 3 Uhr bis 29.6. 3 Uhr Sommerzeit + 1 Stunde

Sommerzeiten 1980 - 2000

Jahr	von/bis	Jahr	von/bis
1980	06.4. (2 h) - 28.9. (3 h)	1991	31.3. (2 h) - 29.9. (3 h)
1981	29.3. (2 h) - 27.9. (3 h)	1992	29.3. (2 h) - 27.9. (3 h)
1982	28.3. (2 h) - 26.9. (3 h)	1993	28.3. (2 h) - 26.9. (3 h)
1983	27.3. (2 h) - 25.9. (3 h)	1994	27.3. (2 h) - 25.9. (3 h)
1984	25.3. (2 h) - 30.9. (3 h)	1995	26.3. (2 h) - 30.9. (3 h)
1985	31.3. (2 h) - 29.9. (3 h)	1996	30.3. (2 h) - 28.9. (3 h)
1986	30.3. (2 h) - 28.9. (3 h)	1997	29.3. (2 h) - 27.9. (3 h)
1987	29.3. (2 h) - 27.9. (3 h)	1998	28.3. (2 h) - 26.9. (3 h)
1988	27.3. (2 h) - 25.9. (3 h)	1999	27.3. (2 h) - 25.9. (3 h)
1989	26.3. (2 h) - 24.9. (3 h)	2000	26.3. (2 h) - 30.9. (3 h)
1990	25.3. (2 h) - 30.9. (3 h)		

SOMMERZEITEN - ÖSTERREICH

Vor dem 1.4.1893 (15 h) galt die wirkliche Ortszeit (LMT)

Sommerzeiten 1916 - 1948

Jahr	von/bis	Jahr	von/bis
1916	30.4. (23 h) - 1.10. (1 h)	1943	29.3. (2 h) - 4.10. (3 h)
1917	16.4. (2 h) -17.9. (3 h)	1944	3.4. (2 h) - 2.10. (3 h)
1918	15.4. (2 h) - 16.6. (3 h)	1945	2.4. (2 h) - 18.11. (3 h)
1920	5.4. (2h)- 13.9. (3h)	1946	14.4. (2 h) - 7.10. (3 h)
1940	1.4. (2 h) durchgehend	1947	6.4. (3 h) - 5.10. (3 h)
1941	ganzjährige Sommerzeit	1948	18.4. (2 h) - 3.10. (3 h)
1942	Sommerzeit bis 2.11. (3 h)		

Danach keine Sommerzeit mehr bis 1980.

Sommerzeiten seit 1980

Jahr	von/bis	Jahr	von/bis
1980	06.4. (2 h) - 27.9. (24 h)	1991	31.3. (2 h) - 29.9. (3 h)
1981	29.3. (2 h) - 27.9. (3 h)	1992	29.3. (2 h) - 27.9. (3 h)
1982	28.3. (2 h) - 26.9. (3 h)	1993	28.3. (2 h) - 26.9. (3 h)
1983	27.3. (2 h) - 25.9. (3 h)	1994	27.3. (2 h) - 26.9. (3 h)
1984	25.3. (2 h) - 30.9. (3 h)	1995	26.3. (2 h) - 1.10. (3 h)
1985	31.3. (2 h) - 29.9. (3 h)	1996	31.3. (2 h) - 29.9. (3 h)
1986	30.3. (2 h) - 28.9. (3 h)	1997	30.3. (2 h) - 28.9. (3 h)
1987	29.3. (2 h) - 27.9. (3 h)	1998	29.3. (2 h) - 27.9. (3 h)
1988	27.3. (2 h) - 25.9. (3 h)	1999	28.3. (2 h) - 26.9. (3 h)
1989	26.3. (2 h) - 1.10. (3 h)	2000	26.3. (2 h) - 1.10. (3 h)
1990	25.3. (2 h) - 30.9. (3 h)		

SOMMERZEITEN - SCHWEIZ

Vor dem 1.6.1894 (15 h) galt die wirkliche Ortszeit (LMT)

Sommerzeiten 1941 - 1942

Jahr	von/bis	Jahr	von/bis
1941	05.5. (2 h) - 6.10. (0 h)	1942	4.5. (2 h) - 5.10. (0 h)

Sommerzeiten 1980 - 2000

Jahr	von/bis	Jahr	von/bis
1980	keine Sommerzeit	1991	31.3. (2 h) - 29.9. (3 h)
1981	29.3. (2 h) - 27.9. (3 h)	1992	29.3. (2 h) - 27.9. (3 h)
1982	28.3. (2 h) - 26.9. (3 h)	1993	28.3. (2 h) - 26.9. (3 h)
1983	27.3. (2 h) - 25.9. (3 h)	1994	27.3. (2 h) - 26.9. (3 h)
1984	25.3. (2 h) - 30.9. (3 h)	1995	26.3. (2 h) - 1.10. (3 h)
1985	31.3. (2 h) - 29.9. (3 h)	1996	31.3. (2 h) - 29.9. (3 h)
1986	30.3. (2 h) - 28.9. (3 h)	1997	30.3. (2 h) - 28.9. (3 h)
1987	29.3. (2 h) - 27.9. (3 h)	1998	29.3. (2 h) - 27.9. (3 h)
1988	27.3. (2 h) - 25.9. (3 h)	1999	28.3. (2 h) - 26.9. (3 h)
1989	26.3. (2 h) - 1.10. (3 h)	2000	26.3. (2 h) - 1.10. (3 h)
1990	25.3. (2 h) - 30.9. (3 h)		

Deutungsverzeichnis